시조의 이해

차례
Contents

들어가는 말

700년을 이어온 우리의 가락 시조

한 민족과 한 나라에는 고유의 역사와 문화와 풍습이 있기 마련이다. 더구나 오랜 역사를 자랑하는 민족과 나라라면, 문화의 꽃을 활짝 피웠을 것이라는 사실을 미루어 짐작할 수 있을 것이다. 우리 민족도 5천 년 역사를 가진 민족이며, 우리 민족이 5천 년을 이어오면서 수많은 문화를 꽃피웠으리라는 것은 짐작하고도 남는다.

'공무도하가(公無渡河歌)'라든가 '황조가(黃鳥歌)' '구지가(龜旨歌)' 등이나 신라의 '향가(鄕歌)', 고려의 '별곡(別曲)' 등 수준 높은 문학이 전해져 내려오고 있음은 우리 문학의 진수를 엿볼 수 있는 대목이다.

이 중 고려 말 이후부터 지금까지 700년을 이어온 문학은 시조(時調)다. 시조는 현재에 이르기까지 많은 시조시인이 짓고 있으니, 우리 겨레에게 가장 알맞은 문학이라 할 수 있다. 물론 오랜 역사를 통해 사라지고 새로 생겨나게 됨은 다른 문화도 마찬가지다. 그렇듯이 신라의 향가나 별곡 등 다른 문학들은 사라지고 현재까지 이르지 못하고 있지만, 시조는 현재까지 700년 동안 전해 내려온 것은 주지할 만한 사실이다.

우리나라의 시조 교육과 일본의 하이쿠 교육

아쉬운 점은 우리나라의 교육이다. 일본의 경우 초등학교 때부터 자신들의 고유 시가인 하이쿠(俳句)를 가르치고 있으며, 일본인들은 대부분 문학성이나 작품성을 떠나 하이쿠를 지을 수 있다. 그런데 우리나라는 어떠한가. 고시조든 현대시조든 시조는 초등 교육에서 전혀 이루어지지 않는다. 다행히 중·고등학교에서 시조를 교육하고 있긴 하나 입시를 위한 형식적인 교육이며, 실제로 시조를 지을 수 있는 학생은 거의 없다. 그러다 보니 학교를 졸업하고 어른이 되어서도 실제로 시조를 창작할 수 있기는커녕 이해하는 이가 거의 없다. 일본과

매우 대조되는 현상이다. 일본인은 누구나 하이쿠를 짓고 즐기는 반면, 한국인은 시조에 관심조차 없고 시조시인들만이 그 명맥을 유지하고 있으니 안타까운 노릇이다.

현재까지 계승된 시조

고려 중엽에 고려별곡(高麗別曲)과 고려속요(高麗俗謠)가 붕괴되면서 시조가 태동하였고, 고려 말에 시조가 완성되었다. 그리고 조선시대에 이르러 부흥하게 된다. 조선시대에도 악장(樂章)과 가사(歌辭)가 있었으나 조선의 멸망으로 사라졌다. 하지만 같은 시대에 현존했던 시조만큼은 현재까지 살아남아 있다. 이렇듯 고대와 신라를 거쳐 조선까지 이어오던, 우리 민족과 함께 했던 많은 시가(詩歌)들이 사라졌음에도 시조만이 현재에까지 이어진 것은 우리 언어의 음절(음수율)·호흡(음보율)과 딱 맞아떨어지기 때문이다.

우리말은 4음보, 다시 말해서 4·4조의 음절로 이루어져 있다. 민요를 보아도 4·4조로 이루어져 있음을 쉽게 찾아볼 수 있다. 우리 민족의 숨결이 잘 담긴 '자장가'를 살펴보자. 편의상 자장가를 '자장가 1'과 '자장가 2'로 나누어 보았다.

자장자장 우리아기 우리아기 잘도잔다

꼬꼬닭아 울지마라 우리아기 잠을깰라

멍멍개야 짖지마라 우리아기 잠을깰라

- 자장가 1

자장자장 우리아기 잘도잔다 우리아기

꼬꼬닭아 울지마라 멍멍개야 짖지마라

잘도잔다 우리아기 새근새근 잘도잔다

나라에는 충신둥이 부모에겐 효자둥이

앞동산의 뻐꾸기야 뒷동산의 꾀꼬리야

우리아기 잠자는데 가만가만 노래해라

우리아기 예쁜아기 우리아기 착한아기

자장자장 잘자거라 소록소록 잘자거라

- 자장가 2

이번에는 구전으로 내려오는 4음절로 된 전래 동요 두 편
을 해 보자.

우물가엔 나무형제 하늘에는 별이형제

우리집엔 나와언니 나무형제 열매맺고

별형제는 빛을내니 우리형제 무얼할꼬

- 형제

아버지는 댓잎이요 어머니는 연잎이요

댓잎연잎 죽었지만 이내형제 어이살꼬

우리형제 죽거들랑 앞산에다 묻지말고

고개고개 넘어넘어 가지밭에 묻으소서

가지두개 열거들랑 우리형제 난줄아오

- 형제(서울)

　이것이 바로 진정한 우리 민족의 가락이자 음악이다. 이 얼마나 신기하고 놀라운 일인가. 이 얼마나 절묘하고 정확한 4음보인가. 글자 수도 넉 자로 정확하게 이루어졌지만, 필자는 우리의 언어가, 그 음수율(율박)이 4음보로 이루어져 있다는 것을 말하는 것이다. 음악으로 치자면 4박자로 정확하게 이루어졌다. 사람들은 대부분 우리말이 이처럼 4음보로 이루어졌다는 것을 모른다. 이것은 일제 강점기를 거치고 현재의 미국과 같은 서양 문물에 빠져 살아왔기 때문이다.

　앞의 '자장가'를 보더라도 시조가 4음보로 이루어져 있다는 것은 자연스러운 현상이다. 3·4조가 바로 그것이다. 그러하기에 고대로부터 전해 오는 수많은 시가들이 사라졌음에도 시조만큼은 오늘날까지 명맥이 계승된 것이다. 이것이 현대 시조를 짓는 시조시인들이 지금까지 존재하는 이유다. 중국은 절구(絶句)와 율시(律詩) 등의 한시(漢詩)가 있고, 일본에는 와카(和歌)나 하이쿠가 현존하듯, 우리의 시조 또한 4음보라는 고유 언어의 호흡과 일치하여 현재까지 사라지지 않고 계승되었다. 이는 그 민족의 호흡과 맞아떨어지기 때문에 가능한 일이다.

우리는 우리에게 딱 맞는 옷인 시조를 잊고 살았다. 이제 우리가 시조를 더욱 계승하고 이어나가야할 의무가 있는 것이다.

우리말에는 가락이 있다

앞에서 소개한 것처럼 우리의 옛말은 꼭 4·4조가 아니더라도 마치 박자가 있듯 가락이 저절로 흘러나온다. 특히 고유의 우리말에서는 4박자를 느낄 수 있다. 4음보로 이루어진 시조가 지금까지 존재하는 것은 우연이 아니다. 우리말의 특성을 가장 잘 살린 문학이기에 700년을 이어 온 것이다. 구전으로 내려온 전래 동요인 '새야새야 파랑새야'와 '물방아'를 보자. 역시 전통 가락인 4음보율이다.

새야새야 파랑새야 녹두밭에 앉지마라
녹두꽃이 떨어지면 청포장수 울고간다
새야새야 파랑새야 우리논에 앉지마라

새야새야 파랑새야 우리밭에 앉지마라

아랫녘새는 아래로가고 윗녘새는 위로가고
우리논에 앉지마라 우리밭에 앉지마라
울아버지 울어머니 손톱발톱 다닳는다
새야새야 파랑새야 우리밭에 앉지마라

위여위여 위여위여
새야새야 파랑새야 우리논에 앉지마라

새야새야 파랑새야 전주고부 녹두새야
윗논에는 차나락심고 아랫논엔 메나락심고
울오래비 장가갈때 찰떡치고 메떡칠걸
네가왜다 까먹느냐 네가왜다 까먹느냐

위여위여 위여위여 위여위여
새야새야 파랑새야 우리논에 앉지마라

　　　　　　　　　　　　　　－ 새야새야 파랑새야

방아방아 물방아야 쿵쿵찧는 물방아야
너의힘이 징하고나 폭포같이 쏟는물에

9

떨어지는 공이소리 쉴새없이 우리면서

일석이석 깨어내니 백옥같이 흰쌀일세

이쌀찧어 무얼할까 연자매 갈아내어

곱게곱게 가루내어 쩔쩔끓는 기름속에

맛이있게 지져내서 색시상에 고여놓자

－ 물방아(평북 강계)

'새야새야 파랑새야'는 '아랫녁새는 아래로가고'의 글자 수가 조금 벗어나긴 했지만, 박자로 따진다면 충분히 4음박이된다. 시조는 글자 수도 중요하지만 음보율이라는 것도 중요하다. 시조가 가락(음박)을 타는 문학 작품이기에 음악의 박자와 같은 음보율이 중요하다. '물방아'에서도 '연자매'만 제외하면 대부분 4음박이다. 시조를 많이 읽거나 직접 창작하다보면 자연스럽게 밴 우리말만의 음률을 깨닫게 될 것이다. 4분의 4박자 악보에서 가사(글자 수)가 꼭 네 글자만 들어가는 것이 아닌 것과 같다. 글자 수가 덜 들어가거나 더 들어가도 작곡자가 4분의 4박자로 노래를 만드는 것과 같다.

시조 문학의 이해

시조의 형태 – 평시조를 중심으로

'시조'라 하면 대부분 '평시조'를 생각한다. 실제로 고시조나 현대시조에서도 평시조를 많이 창작한다. 따라서 평시조로 '시조의 형태'를 설명할 것이다. 이 책이 주로 고시조를 다루고 있지만 이해를 쉽게 하기 위해 현대시조 작품을 예로 들겠다.

시조를 이해하려면 고시조든 현대시조든 우선 시조의 형태를 알아야 한다.

우리는 학교에서 시조를 '정형시'라고 배웠다. 3·4조로 이루어져 있으며, 3장 6구 12음보, 45자 내외로 이루어져 있기 때문이다. 또한 초장, 중장, 종장이라는 3장 구조의 형식을 갖추고 있기 때문이다. 기본율격은 3434 3434 3543으로, 때로는 초장과 중장이 3444로 이루어지기도 한다. 그러나 종장의 첫 음보 석 자는 불문율이기 때문에 절대 벗어나서는 안된다. 평시조(단시조)든, 엇시조(중형시조)든, 사설시조(장형시조)든 모두 마찬가지다. 시조가 어렵다고 생각하는 것은 이러한 규칙도 한몫을 하고 있다. 하지만 우리의 언어가 4음보라는 음수율로 이루어져 이 기본 율격은 자연스럽게 나오게 되어 있다. 따라서 시조는 글자 수에 얽매일 필요가 없으며, 조금만 관심을 보인다면 쉽게 창작할 수 있는 시 형태다. 더구나 한두 자의 글자 수는 넘나들 수 있음을 안다면 시조에 대한 거리감은 없어질 것이다.

다음 두 개의 시조를 보고 음수율이 어떻게 달라지는지 즉, 글자 수가 어떻게 자연스럽게 넘나드는지 살펴보자.

(초장) 성불사 깊은 밤에 그윽한 풍경소리
      3   4   3   4

(중장) 주승은 잠이 들어 객이 홀로 듣는구나
      3   4   4   4

(종장) 저 손아   마저 잠들어   혼자 울게   하여라.

       3   5   4   3

이 작품은 노산 이은상의 '성불사의 밤'이다. 두 수로 된 연시조인데 그중 첫째 수다. 3434(초장), 3444(중장), 3543(종장)라는 시조의 기본율격을 정확하게 지켰다. 우리가 학교에서 배운 율격 그대로다. 그런데 다음의 시조가 어떻게 글자 수를 넘나드는지 살펴보자.

(초장) 아픔을,   손때 절인   이 적막(寂寞)한   너의 아픔을

       3   4   4   5

(중장) 잠자다   소스라치다   꿈에서도   뒹굴었건만

       3   5   4   5

(종장) 회오리   끊어진 신음(呻吟),   다시 묻어오는   아픔을

       3   5   6   3

이 시조는 초정 김상옥의 '포도인 영가(葡萄印 靈歌)'인데 두 수로된 연시조 중 첫째 수다. 앞의 시조와는 달리 글자 수가 전통적인 3·4조가 아닌 3445(초장), 3545(중장), 3563(종장)

으로 되어 있다. 앞에서 말한 시조의 기본 글자 수를 지키지 않은 것이다. 하지만 음률을 살려 시조를 읽어보자. 글자 수에 상관없이 자연스럽게 4음률이 느껴진다. 즉, 시조는 글자 수가 아닌 음수율인 것이다. 이는 마치 음악에 있어서 박자와 같다. 앞에서 말했듯이 음수율이 맞으면 글자 수를 자연스럽게 넘나들 수 있는 것이다. 비록 '포도인 영가'가 글자 수는 지켜지지 않았지만, 자유시와는 달리 음수율을 느낄 수 있음을 알 수 있다. 이처럼 음보율만 지킨다면 자유롭게 글자 수를 넘나들어도 된다. 따라서 제한된 글자 수 때문에 시조가 어렵다는 말은 독자들이 잘못 이해하고 있는 것이다.

자유시로 쓰인 '승무'

초기 현대시에 속하는 조지훈의 '승무(僧舞)'를 살펴보자. 분명 자유시로 발표된 것인데 4음보의 시조 율격이 살아 있다. 앞에서도 여러 차례 말했지만 우리의 언어 호흡이 4음보로 되었기 때문이다.

얇은 사(紗)　　하이얀 고깔은
　3　　　　　　6

고이 접어서   나빌네라

　　　5　　　　　　4

파르라니   깎은 머리

　　4　　　　　4

박사(薄紗) 고깔에   감추오고

　　　5　　　　　　　4

두 볼에   흐르는 빛이

　　3　　　　　5

정작으로 고와서   서러워라

　　　7　　　　　　　4

　　마지막 구절인 '두 볼에 흐르는 빛이 정작으로 고와서 서러워라'는 시조의 글자 수까지도 지키고 있다. 더구나 '두 볼에 흐르는 빛이'는 시조 종장의 첫 음보인 3·5를 정확하게 지키고 있다. 특히 종장의 첫 음보인 '두 볼에'가 정확하게 석 자로 쓰였다는 것이 놀랍다. 현대시지만 글자 수를 벗어난 김상옥의 시조와 비교해도 큰 차이가 없다.

평시조와 시조의 행 구분

우리가 흔히 알고 있는 것이 평시조다. 평시조는 단시조라고도 부르며, 초장, 중장, 종장 3행으로 된 시조가 한 수만 쓰인 것을 말한다. 앞에서 이은상과 김상옥의 시조는 원래 연시조인데 그중 3행으로 된 한 수씩만 소개했다. 이처럼 한 수만 나오는 것을 평시조라고 한다. 한 수로 된 평시조 한 편을 살펴보자.

거실에 널어놓은
쭈글쭈글한 무말랭이

오랜 병으로 지친
할머니 모습 떠올라

저물녘
내 방에 혼자 앉아
풀벌레처럼 울었다

　　　　　　　　　　　　　　　　　- 임형선, 무말랭이

이 시조는 동시(童詩)에 시조의 형식을 갖춘 어린이를 위한 시조 즉, '동시조'다. 이렇게 단 한 수로 이루어진 시조를 평시조라고 한다.

그런데 이상하다. 분명 평시조는 초장, 중장, 종장 이렇게 3장, 3행 1연으로 구성되었다고 했는데, 이 작품은 자유시처럼 7행 3연으로 이루어졌다.

1907년, 육당 최남선은 「대한유학생학보」에 '국풍'이라는 6행으로 된 시조를 처음으로 발표했는데, 이때부터 각 장의 행을 가르는 시조가 나오기 시작했다. 또한 자유시처럼 연을 구분 짓기도 했다. 초장, 중장, 종장을 3행으로 나누던 것이, 최남선 이후 현대시조에 들어와서 이처럼 각 장의 행을 나누게 된 것이다. 쉽게 말해서 한 장을 2행, 3행 등 자유롭게 구분을 짓기도 한다는 것이다. 자, 그럼 본래 7행 3연으로 된 '무말랭이'를 3행 1연의 전통적인 시조 형식으로 변형시켜 다시 구분 지어 보겠다.

거실에 널어놓은 쭈글쭈글한 무말랭이
오랜 병으로 지친 할머니 모습 떠올라
저물녘 내 방에 혼자 앉아 풀벌레처럼 울었다

어떤가. 우리가 쉽게 이해할 수 있게 3행 1연으로 구성된 하나의 시조가 되었다. 지금 소개한 이 작품처럼 한 수로 이루어진 시조를 평시조라 한다.

연시조

연시조라 함은 평시조가 두 수 이상 이어진 시조를 말한다. 다시 말해서 두 수, 세 수, 네 수 등 여럿이 나오는 것을 말한다.

가람 이병기는 시조의 현대화를 위해 '연시조를 짓자'라고 주창했다. 그리고 본인이 직접 연시조를 지어 선보였다. 사회가 현대화되면서 정치·경제 등 모든 생활상이 다변화되고 복잡해졌다. 단순하던 조선시대의 생활상과는 전혀 다른 사회가 되었으며, 이제 한 수로 된 평시조에 시상(詩想)을 담아내기에는 부족해진 것이다. 그러면서 이병기 등에 의해 연시조가 나타나게 된다. 그렇다면 연시조는 평시조와 어떻게 다를까? 쉬운 이해를 위해 연시조 한 편을 살펴보자.

얼마를 더 울어야 기도 같은 소리될까
허공을 빙글 돌면 눈물보다 짙은 참회
저 질긴 命줄의 울림 돌아갈 곳 어디던가

몸보다 더 무거운 原罪의 넋이어라
속죄의 문을 열면 퍼져오는 呻吟 소리

손금 밖 인연이던가 하늘 가는 길을 묻는다

켜켜로 쌓인 먼지 罪를 벗듯 떨어내고
한 목숨 소리 질러 달빛 줄을 고르는데
손톱이 아리도록 타는 幼年이 비상한다

- 임형선, 鐘

이 시조는 세 수로 이루어진 연시조다. 이처럼 3장으로 된 한 수가 여럿 모여 이루어진 것을 연시조라고 한다.

엇시조와 사설시조

엇시조와 사설시조는 평시조의 단조로움에서 벗어나 자유롭게 표현할 수 있다. 평시조가 양반의 충절 등 소재와 주제가 상투적이고 형식적이라 평민들을 중심으로 좀 더 자유로운 형식의 사설시조가 나타나게 된 것이다.

평시조는 유교 이념을 가진 유학자들에 의해 지어졌지만, 사설시조는 임진왜란과 병자호란 등 양란을 거치면서 평민들에 의해 지어졌고, 실학사상의 대두로 부흥하였다.

실학사상이 대두되면서 시조는 기본 형식인 3장은 그대로 유지하되, 단편적 형식에서 산문적 형식으로 외적인 변화를 가져왔다. 따라서 단 한 수로 된 평시조로 다양하고 복잡한 사상과 감정을 담는 것에 한계를 느꼈던 것이다.

하지만 사설시조는 오래가지 못했다. 아무래도 서민문학이다 보니 문학성이 떨어졌기 때문이었다. 물론 현대 시조시인들이 지은 사설시조는 고시조처럼 문학성이 떨어지지는 않는다. 현대의 사설시조는 문학성을 갖춘 전문 시조시인들에 의해 쓰이기 때문이다. 그렇다고 하더라도 현대 시조시인들도 사설시조보다는 평시조를 더 많이 짓는 등 사설시조는 평시조에 비해 보편화되지는 않았다.

사설시조의 부흥기 및 특징

사설시조(엇시조 포함)가 가장 부흥을 이루었던 시기는 숙종과 영조, 정조 때였다. 인조 때에도 많은 사설시조가 지어졌다.

사설시조는 무명씨 작품이 많다. 평시조가 양반들에 의해 주로 쓰였지만, 사설시조는 양반이 아닌 서민들에 의해 주로 쓰였기 때문이다. 또한 애정을 표현한 작품이 많으므로 이름을 밝히기에는 무리가 있었다. 특히 외설적인 표현, 노골적이고 육담적인 남녀 간의 성행위를 노래한 작품이 많으며, 걸러지지 않은 비속어, 음탕하고 음담패설적인 묘사가 많다. 이런 작품은 현대사회에서도 표현되기 어려운데, 유교 국가인 조선에서 지은이 이름을 밝히기란 더욱 어려웠을 것이다. 사설시조는 주로 서민들에 의해 지어지기 때문에 풍자적이고 해학적이며, 장소나 격식을 갖추지 않고 감정을 자유분방하게 표현했다. 비시적(非詩的) 용어들로 서로 주고받는 대사 형식을 취하기도 한다. 그래서 진솔한 면을 엿볼 수 있다. 반면에 평시조는 주로 양반들이 지었으며 대체로 지은이가 있는 작품이 많다.

사설시조의 특징을 국문학자인 고 장덕순 박사는 그의 저서인 『한국 고전문학의 이해』에서 이렇게 말하고 있다.

"시조이면서도 시조가 아닌 것이 이른바 사설시조이다. 우리가 통칭 시조라 하는 평시조는 작가가 양반, 관료, 학자들이고, 그 내용은 물론 다양한 주제를 가지고 있지만, 대체로 유교적인 젊잖음이 특성을 이루고 있고, 형식도 3장의 45자 안팎의 단형이다. 그런데 사설시조는 우선 작가가 무명씨가 아니면 서민층이고, 내용은 이른바 저속하고 형식도 산문식으로 길어졌다. 그러므로 양식론적인 면에서는 시조와는 완전히 이질성을 띠고 있다. 그래서 어떤 이들은 사설시조라는 명칭을 쓰지 않고 '농악(弄樂)'이라고도 하고 또는 '중세기적 수필'이라고도 한다. 그러나 이런 기형적인 시가 형식이 시조를 모태로 하여 발생했고 또 '사설시

조'라는 명칭이 오랫동안 널리 알려졌기 때문에 시조와의
이질성을 인정하면서도 편의상 그대로 부르기로 한다.”
- 장덕순, 『한국 고전문학의 이해』, 256쪽

엇시조

  엇시조는 사설시조로 통칭하여 부르지만, 둘의 형태는 엄
연히 다르다. 엇시조는 초장, 중장, 종장 중 어느 한 장의 음수
율이 평시조보다 더 길어진 형태의 시조를 말한다. 대개 중장
이 길다. 때로는 초장이 길어지는 경우도 있으나 이는 드문 현
상이다. 종장은 평시조처럼 음수율이 그대로다. 통례적으로
엇시조도 사설시조라 부르지만, 여기서는 이를 정확히 구분
지어 소개하겠다. 다음의 엇시조를 보자.

  (초장) 한숨아 세한숨아 네 어느 틈으로 들어온다
  (중장) 고모장자 세살장자 들장자 열장자에 암톨쩌귀 수톨
       쩌귀 백목걸쇠 뚝딱 박고 크나큰 자물쇠로 숙이숙이
       차였는데 병풍(屛風)이라 덜걱 접고 족자(簇子)라
       댁대골 말고 네 어느 틈으로 들어 온다
  (종장) 어인지 너 온 날 밤이면 잠 못 들어 하노라
- 작자 미상

초장과 종장은 정확하게 시조의 율격을 지키고 있다. 그런데 중장 하나만 길다. 전형적인 엇시조의 특징이다. 통례적으로 이런 것도 사설시조라 부르지만 정확하게는 엇시조다.

사설시조

사설시조는 초장, 중장, 종장 모두에서 음수율의 제한을 받지 않고 자유롭게 쓰인 작품을 말하며, 대체로 산문시 형태를 취한다. 사설시조는 대부분 초장, 중장, 종장이 모두 길어지는데, 2장(二章) 이상만 긴 경우도 있다. 이처럼 2장 이상이 길다면 사설시조다. 사설시조 역시 엇시조처럼 대부분 중장이 길다. 이것이 사설시조의 특징이다.

다음 사설시조의 예문을 보자. 초장, 중장, 종장 모두 음수율을 완전히 벗어났다. 이제 엇시조와 어떻게 다른지 구분할 수 있을 것이다.

(초장) 어디야 낄낄 소 몰아가는 노랑대궁이 더벅머리 아이 놈아 게 좀 섰거라 말 물어보자
(중장) 저기 저 건너 웅덩이 속에 지지난 밤 장마에 고기 수굴 많이 모였기로 조리 종다래끼에 가득히 담아 짚을 많이 추려 마개를 질러 네 쇠 궁둥이에 얹어 줄게 지

내는 역로(歷路)에 임(任)의 집 전(傳)하여 주렴

(종장) 우리도 사주팔자(四柱八字) 기박(旣薄)하여 남의
집 무엄 사는 고로 식전(食前)이면 쇠물을 하고 낮이
면 농사(農事)를 짓고 밤이면 새끼를 꼬고 정(正)밤
중(中)이면 언문자(諺文字)나 뜯어 보고 한 달에 술
담배 곁들여 수백 번(數百番) 먹는 몸이기로 전(傳)
할동 말동

　　　　　　　　　　　　　　　　　　　　　－ 작자 미상

이번에는 초장은 그대로고, 중장과 종장이 길어진 사설시
조다.

(초장) 생매 잡아 길 잘 들여 두메로 꿩 사냥 보내고
(중장) 셋말 구불굽통 솔질 솰솰하야 뒤송정(松亭) 잔디잔
디 금잔디 난 데 말뚝 쌍쌍 박아 바 늘여 매고 앞내 여
울고기 뒷내 여울고기 자나 굵으나 굵으나 자나 주워
주섬 낚아내어 움버들 가지 주루룩 훑어 아감지 꿰어
청석바 바둑돌을 얼른 냉큼 슈슈이 집어 자장단 맞추
어 지질러 놓고
(종장) 동자야 이 뒤에 외뿔 가진 청소 타고 그 소가 우의가
부풀어 치질이 성할까하야 남의 소를 웃어타고 급히

나려와 묻거들랑 너도 조금도 지체 말고 뒷 여울로

- 작자 미상

이번에는 종장은 그대로고, 초장과 중장이 길어진 사설시
조다.

(초장) 자규성 단월사시에 두견이 울어도 임 생각 월명하락
　　　 우 황혼에 달이 밝아도 임 생각이오
(중장) 삼척동자야 동방을 내다 보아라 새벽달은 우렷이 기
　　　 울었는데 임은 어디가 아니 보인단 말가　임으로 연
　　　 하여 여광여취 되는 마음 잠시라도 잊지 못하여 임을
　　　 따라 갈까보다 오늘 가고 내일 가고 모레 가고 글피
　　　 간다 나흘 곱집어 여드레 팔십 리 가는 인생이 석 달
　　　 열흘에 단 천 리 갈지라도 임을 따라서 아니 갈 수 없
　　　 네 해가 가고 날이 가고 달 가고 시 가고 임까지 망종
　　　 가면 요 세상 백 년을뉘를 믿고 사나 석신이라고 돌
　　　 에다 접을 하며 목신이라고 노송에다 접을 하여 어영
　　　 갈매기라고 창파에다 지정하겠나
(종장) 접할 곳 없고 속내 맞는 친구 없어서 나 어찌 살꼬

- 작자 미상

세 편의 사설시조와 한 편의 엇시조에서 알 수 있듯이, 사설시조와 엇시조는 대체로 중장이 길어진다. 그리고 평시조에서처럼 종장의 첫 음보 석 자가 정확하게 지켜졌다. 이것은 앞에서 불문율이라고 말한 바 있다. 하지만 사설시조에는 종장의 첫 음보 석 자가 지켜지지 않은 작품들도 더러 있다. 고시조에서 사설시조가 자유롭게 창작되었음을 알 수 있다. 또한 작자가 없는 작품이 대부분이라는 특징도 있다. 그리고 사설시조는 엇시조와 다르게 3장이 모두 길어지거나(즉, 음수율을 벗어났거나), 최소한 2장 이상 길어졌음을 알 수 있다. 내용 면에서도 양반들이 즐겨 쓰던 평시조와는 다르게 서민적이다. 그래서 사설시조를 서민문학이라고 한다.

시조의 위기 – 창가와 신체시의 출현

앞에서 시조가 4음절로 되어 고대로부터 내려오던 모든 시가들이 사라졌음에도 700년을 이어왔다고 말했다. 하지만 시조가 사라질 뻔한 위기도 있었다. 갑오개혁이 지난 1897년, 조선은 대한제국으로 바뀌게 된다. 1894년 갑오개혁 이후 조선은 서구문물을 받아들였다. 정치, 경제, 군사, 교육, 사회, 문화 등 모든 면에서 개화(開化)의 물결이 일기 시작한 것이다. 그러면서 3·4조 내지는 4·4조의 시조 율격이 사라지고 근대화된 7·5조의 창가(唱歌)가 생겨나게 된다. 내용은 조국의 자주독립과 개화사상을 노래한 것들이 많았다. 조국의 근대화에 대한 바람이 들어 있었다. 하지만 창가의 출현으로 시조는 위기를 맞게 된다.

그리고 곧바로 현대의 자유시 형태를 띤 신체시 또는 신시(新詩)가 나타나게 된다. 신체시는 시조의 율격과도 전혀 달랐지만 창가와도 전혀 다른 형식이었다. 특히나 시조의 율격을 깨뜨린 서구 자유시의 형식이 출현하게 되었다.

1908년 11월, 「소년」 창간호에 실린 최남선의 '해에게서 소년에게'를 우리나라 최초의 신체시라고 말한다. 하지만 유명 잡지에 발표되지 않았을 뿐 1905년경부터 작자 미상의 신체시가 지어지고 있었다. 이는 학자들에 의해 바로 잡아야 할 일이라 생각한다. 아무튼 신체시는 신문학 형식의 시이며 서구 형식 자유시의 초기 형태로, 「소년」「청춘」 등의 잡지에서 본격적으로 신체시를 모집하게 된다.

이처럼 신체시의 출현으로 시조는 결정적인 위기를 맞게 된다. 조국 근대화의 바람으로 시조는 쇠퇴하고 잊히기 시작한 것이다. 유명 잡지에 보이는 것은 신체시뿐이었다. 이 당시가 600여 년을 이어온 시조의 최대 위기였다. 시조가 사라질 위기에 놓이게 된 것이다. 1906년, 조선총독부 기관지 「대보매일신보」에는 다음과 같이 적혀 있다.

"대구여사의 '혈죽가' 3수를 비롯하여 작자미상의 작품이 385수나 발표되었고, 육당 등이 발표한 시조가 몰락의 위기에 있는 시조의 부흥을 시도한 것이었으나, 시조의 근대화나 부흥운동에까지는 이르지 못하였고,"

– 박을수, 『한국시조문학전사』, 205쪽

시조의 부흥 – 현대시조의 출현

최남선은 신체시로 개화사상과 조국의 근대화에 노력했다. 나중에 최남선은 시조의 위기를 느끼고 1926년 동광사에서 시조집 『백팔번뇌』를 출간하여 시조 부흥을 일으키려 했으나 뜻대로 되지 못했고, 이후 또다시 시조 부흥운동을 일으켰다.

"1926년 『조선문단』을 중심으로 시조 부흥운동이 체계적으로 전개되지 않았다면 국민문학의 정수인 시조가 서구문명에 의한 개화, 수용의 과정에서 희생되었을지도 모를 일이었다. 시조 부흥의 최초의 깃발을 올린 분은 육당이었다."

– 박을수, 『한국시조문학전사』, 205쪽

이 시기는 신체시니, 자유시니, 카프(KAPF)니 하는 서구 문화가 들어와 민족시인 시조가 관심을 받지 못하던 때였다. 이러한 시기에 최남선의 시조 부흥운동은 매우 중요한 활동으로 자리 매김 된다.

최남선은 1907년『대한유학생학보』1권에 발표한 '국풍(國風)'에서 기존의 3행이었던 시조를 6행으로 가르며 시각적인 면에서 변화를 꾀하는 등 시조의 현대화에 일조하였다.

바다야 크다마라

대기권(大氣圈)잔 삼어도

그속에 딸코보면

얼마되지 못하리라

우주(宇宙)에 큰행세 못하기는

네나나나 다일반(一般)

- 최남선, 국풍

『현대시조작법』의 저자 이태극은 현대시조의 출발을 다음과 같이 정의 내렸다. 이태극은 최남선이 시조를 짓기 시작한 1904년을 현대시조의 출발로 보았던 것이다.

"육당 최남선이 시조를 다시 짓기 시작한 1904년 이후의 작품을 통틀어 현대시조라 하여 두고자 한다. …… 그것은 육당의 시조에서부터 어투는 고조(古調)가 있었어도 현대

적인 언어로 현대의 생활과 사상 감정을 나타냈고, 그 기사
형식도 3행 또는 6행 등으로 바꾸었고,"

– 이태극,『현대시조작법』, 147쪽

현대시조는 1930년대 조운에 의해 6행, 7행, 8행 등 행 구
분으로 그 틀을 갖추게 된다. 조운은 1948년 가족과 함께 월
북하여 그동안 제대로 된 조명을 받지 못했다. 조운의 대표작
으로는 현대 사설시조의 모범인 '구룡폭포(九龍瀑布)'와 '석류
(石榴)' '파초(芭蕉)' 등의 평시조가 있다.

사람이 몇 생(生)이나 닦아야 물이 되며 몇 겁(劫)이나 전
화(轉化)해야 금강에 물이 되나! 금강에 물이 되나!

샘도 강(江)도 바다도 말고 옥류(玉流) 수렴(水簾) 진주담
(眞珠潭)과 만폭동(萬瀑洞) 다 고만 두고 구름 비 눈과 서
리 비로봉 새벽안개 풀끝에 이슬 되어 구슬구슬 맺혔다가
연주팔담(連珠八潭) 함께 흘러

구룡연(九龍淵) 천척절애(天尺絶崖)에 한번 굴러 보느냐

– 조운, 구룡폭포

'석류'는 7행과 3연, '파초'는 8행 3연으로 이루어졌으며, 각 장을 한 연으로 삼아 자유시처럼 자유롭게 행과 연을 구분하고 있다. 기존의 고시조가 1연으로 구성되어 있다면, 두 작품은 시조 한 수를 3연으로 구성하고 있다.

　　투박한 나의 얼굴
　　두툼한 나의 입술

　　알알이 붉은 뜻을
　　내가 어이 이르리까

　　보소라 임아 보소라
　　빠개 젖힌
　　이 가슴

- 조운, 석류

　　펴이어도
　　펴이어도 다 못 펴고
　　남은 뜻은

　　고국(故國)이 그리워서냐

노상 맘은 감기이고

바듯이 펴인 잎은

갈갈이

이내 찢어만지고

- 조운, 파초

현대시조는 가람 이병기와 노산 이은상에 의해 고시조적 어투에서 탈피하여 현대적 표현의 작품들이 나타났다. 이은상이 1932년에 발간한 『노산시조집』의 출간으로 시조는 꺼져 가던 불씨를 다시 되살리게 된다. 하지만 가람과 노산의 이런 노력에도 불구하고 시조를 부정적으로 보는 이들이 많았으며, 불과 몇십 년 전인 현대에 들어와서도 정병욱과 김춘수는 시조를 희망적으로 보지 않았다. 이병기는 '시조는 혁신하자' (동아일보, 1932년 1월 23일~2월 4일) 등 20여 편의 시조론을 잇따라 발표하며 시조의 혁신을 선도했다.

"그는 시조와 현대시를 동질로 보고 시조창으로부터의 분리, 시어의 조탁과 관념의 형상화, 연작(連作) 등을 주장하여 시조 혁신을 선도하면서 그 이론을 실천하여 1939년 『가람시조집』(문장사)을 출간하였다."

- 한국민족문화대백과

이병기와 이은상은 쇠퇴 일로에 있던 시조를 다시 부흥, 발전시켰다. 이들의 노고가 아니었다면 바람 앞의 촛불처럼 개화기의 근대화 바람에 시조는 그 명맥이 끊겼을지도 모른다. 이들의 노고로 현재까지 시조는 사라지지 않고 문학으로 창작되고 있다. 이제 두 거장의 시조를 감상해 보자. 참고로 '보드럽고 → 보드랍고' '어린제 → 어릴 제' 등 현대어로 바꾸었다.

빼어난 가는 잎새 굳은 듯 보드랍고
자줏빛 굵은 대공 하얀한 꽃이 벌고
이슬은 구슬이 되어 마디마디 달렸다

본디 그 마음은 깨끗함을 즐겨하여
정(淨)한 모래 틈에 뿌리를 서려 두고
미진(微塵)도 가까이 않고 우로(雨露) 받아 사느니라

- 이병기, 난초

바람이 서늘도 하여 뜰 앞에 나섰더니
서산(西山) 머리에 하늘은 구름을 벗어나고
산뜻한 초사흘 달이 별과 함께 나오더라

달은 넘어가고 별만 서로 반짝인다

저 별은 뉘 별이며 내 별 또한 어느 게요
잠자코 호올로 서서 별을 헤어 보노라

- 이병기, 별

이병기는 난초의 시인이다. 양주동 박사가 '난초는 가람인가'라고 했을 만큼 가람의 '난초(蘭草)'는 그와 뗄 수 없는 대표작이 되었다. 이 작품은 『가람시조집』에 수록되어 있으며, 총 4편 7수 평시조로 이루어진 연시조다. 첫째 수인 1편만 한 수이고, 나머지는 모두 두 수씩 이루어져 있다. 널리 알려진 부분은 여기에 소개한 '난초 4'의 두 수다. 이 두 수는 오랫동안 교과서에 실린 작품이기도 하다. 또한 '별'은 가곡으로 작곡되어 합창곡으로 널리 애창되고 있는 시조기도 하다.

내 고향 남쪽 바다 그 파란 물 눈에 보이네
꿈엔들 잊으리오 그 잔잔한 고향 바다
지금도 그 물새들 날으리 가고파라 가고파

어릴 제 같이 놀던 그 동무들 그리워라
어디 간들 잊으리오 그 뛰놀던 고향동무
오늘은 다 무얼 하는고 보고파라 보고파
그 물새 그 동무들 고향에 다 있는데

나는 왜 어이타가 떠나 살게 되었는고

온갖 것 다 뿌리치고 돌아갈까 돌아가

가서 한데 얼려 옛날같이 살고지고

내 마음 색동옷 입혀 웃고 웃고 지내고저

그날 그 눈물 없던 때를 찾아가자 찾아가

           - 이은상, 가고파 중 첫째, 둘째, 셋째, 넷째 수

어제 온 고깃배가 고향으로 간다 하기

소식을 전차하고 갯가으로 나갔더니

그 배는 멀리 떠나고 물만 출렁거리오

고개를 숙으리니 모래 씻는 물결이오.

배 뜬 곳 바라보니 구름만 뭉게뭉게

때 묻은 소매를 보니 고향 더욱 그립소

                 - 이은상, 고향 생각

   이은상의 '가고파'는 평시조로 총 10수의 연시조로 이루어졌다. 그중 가곡으로 불리는 네 수만 소개했다. '고향 생각'도 합창곡으로 대중에게 널리 애창되고 있다. 이은상의 시조도 많은 작품이 가곡으로 작곡되어 널리 불린다. 아마 제일 많지 않을까 하는 생각이 든다. 여기에 소개한 '가고파'라든지, '성불사의 밤' '봄처녀' '옛동산에 올라' '사랑' '고향생각' '금강에 살으리랏다' 등 수없이 많다. 그의 시조는 대중에게 많은 사랑을 받고 있다. 이 책에 모든 작품을 일일이 소개할 수 없음이 아쉬울 정도다.

'난초는 가람인가'라고 했던 양주동 박사는 동갑인 이은상을 이르기를 '늠실바다'라 했다. 또한 육당 최남선에겐 '박달나무'라 했다.

새로운 시조 형식, 양장 시조

고시조가 평시조에서 사설시조라는 새로운 형태를 낳았듯이, 이은상은 2장으로 이루어진 30자 내외의 양장시조를 시도했다. 즉, 초장과 종장만 있는 시조를 실험했다. 중장을 생략한 것이다. 하지만 시조시인들의 무호응에 실패하고 말았다. 이은상의 양장시조 한 편을 살펴보자. 1931년에 발표한 '소경이 되어지이다'는 그의 양장시조 중 대표 작품이다.

뵈오려 못 뵈는 님 눈 감으니 보이시네
감아야 보이신다면 소경되어 지이다
- 이은상, 소경이 되어지이다

'소경이 되어지이다'는 단시조인데, 이은상은 양장시조를 연시조로 짓기도 했다. 양장시조가 성공을 거두지 못했기에 연시조로 지은 그의 양장시조에 대해서는 논하는 이가 별로 없다. 하여, 여기에 양장시조 중 다섯 수로 된 연시조 한 편을 소개한다.

그언제 님의雅號 '月'字넣어 지어주고
지금도 달을바라면 그님생각 합내다

소식이 끊이오매 安否를 알길없어
저달로 점치는줄은 님도아마 모르시리

흐린 달을보면 무삼걱정 게시온가
내맘도 깊은구름에 싸이는줄 압소서

하마 밝아지신가 창밖을 보고또보고
새벽만 환하오시면 그제安心 합내다

어느땐 너무밝아 너무밝음 밉다가도
그깃븜 생각하옵고 도로축복 합내다

- 이은상, 달

고시조 해설 및 감상

　지금까지 시조의 이해를 위한 개론을 살펴보았다. 이를 바탕으로 고시조를 감상해 보자. 고시조를 모르고 현대시조를 이해하거나 짓는다는 것은 모래 위에 집을 짓는 것과 같다. 실제로 최근에 등단하는 시조시인들 중에는 고시조를 많이 접하지 못한 이들이 많다.

　역사를 통해 현재를 배우고 미래를 설계할 수 있다. 마찬가지로 고시조를 많이 감상할수록 시조의 이해를 높일 수 있다. 이는 현대시조를 고시조 풍으로만 생각하고 창작하라는 이야기가 아니다. 고시조를 통해 시조와 친숙해지고 이해하기를 바라는 것이다.

춘산에 눈 녹인 바람

춘산(春山)에 눈 녹이는 바람 건듯 불고 간데없다
져근듯 빌어다가 머리 위에 붙이고저
귀 밑에 해묵은 서리를 녹여볼까 하노라

현대어 풀이

봄 산에 눈을 녹인 바람이 살짝 불더니 어디로 갔는지 알 수가 없다
잠깐 동안 흰 눈을 녹이는 그 봄바람을 빌어다가 허옇게 센 머리 위로 불게 하여
봄바람이 눈을 녹이듯 백발이 된 내 머리를 녹여보고 싶구나

해설

　세월이 가니 머리도 백발이 되어가고 있다. 봄바람이 흰 눈을 녹여 없애듯 내 백발도 봄바람을 빌어다가 없애고 싶다. 우리는 머리가 허옇게 센 사람을 보고 '머리에 서리가 내려앉았다'라고 하는데, 이 시조에서도 '귀 밑에 해묵은 서리'라고 표현하고 있다. 백발이 된 자신의 머리를 보며 작자는 젊어지고 싶은 것이다. 인생무상을 느낄 수 있는 시조다.

어구풀이

건듯 : 살짝   져근듯 : 잠깐 동안

해묵은 서리 : 백발을 비유한 말

작가소개

　우탁(禹倬, 1263~1342) : 고려 말의 문신, 학자. 자는 천장, 호는 역동. '역동선생'이라 불렸다. 충선왕이 부왕의 후궁과 통간하자 이를 간한 후 벼슬에서 물러나 향리에서 학문과 후진 양성에 정진하였다. 역학에 조예가 깊었다.

이화에 월백하고

이화(梨花)에 월백(月白)하고 은한(銀漢)이 삼경(三更)인제
일지춘심(一枝春心)을 자규(子規)이야 알랴마는
다정(多情)도 병(病)인양하여 잠 못 들어 하노라

현대어 풀이

달빛에 배꽃이 더욱 희고 은하수가 한밤중임을 알리는데
배 나뭇가지에 서린 봄의 애틋한 마음을 소쩍새가 알 수 있겠
는가마는
다정한 내 마음도 병인 듯하여 잠 못 들어 하노라

해설

　달빛을 받아 더욱 흰 배꽃과 은하수가 흐르는 깊은 밤. 작
자는 애상에 젖은 심정을 노래하고 있다. 작자는 원나라의 지
배를 받던 고려 말 충혜왕 때의 충신이다. 작자는 개인적 심상
과 나라의 안녕을 걱정하는 마음 등 여러 가지 헤아릴 수 없
는 생각에 잠겨 잠을 못 이루는 것이다.

어구풀이

이화(梨花) : 배꽃　　월백(月白) : 환한 달빛

은한(銀漢) : 은하수

삼경(三更) : 밤 11시에서 새벽 1시, 여기서는 한밤중임을 표현함

일지춘심(一枝春心) : 여기서는 배 나뭇가지에 서린 봄날의 마음

자규(子規) : 소쩍새, 두견새

병(病)인양하여 : 병인 듯하여

작가소개

　이조년(李兆年, 1269~1343) : 자는 원로, 호는 매운당. 지조와 절개가 굳은 고려 말의 문신. 충렬왕 20년(1294)에 향공진사로 문과에 급제하여 예문대제학 등의 벼슬을 지냈다. 원나라에서 충혜왕이 방탕하게 술을 마시고 여자와 놀아나며 정신을 차리지 못하자 강직하게 충언하여 왕이 담을 넘어 달아났다는 일화가 있다.

이런들 어떠하며(하여가)

이런들 어떠하며 저런들 어떠하리
만수산(萬壽山) 드렁칡이 얽혀진들 어떠하리
우리도 이 같이 얽혀져 백년까지 누리리라

현대어 풀이

이런들 어떠하며 저런들 어떠하리
만수산의 칡넝쿨이 얽혀진 것처럼 그렇게 고려와 조선도 얽혀진들 어떠하리
우리도(고려와 조선도) 칡넝쿨이 얽혀지듯 이 같이 얽혀져 오래도록 함께 누려보면 어떠하리

해설

　이 시조는 이방원이 정몽주의 마음을 떠보기 위해 노래한 것이다. 정몽주가 누구인가. 고려의 충신이며 고려 백성이 존경하는 사람이다. 그런 정몽주를 자신들이 세운 조선에 끌어들인다면 백성으로부터 지지를 받기에 유리할 것이다. 또한 학식이 높은 정몽주를 조선의 인재로 쓴다면 이방원으로서는 더할 나위 없는 성과인 것이다. 그래서 정몽주를 회유하기 위

해 갖은 회유책을 다 썼다. 이방원은 마지막으로 '하여가'를 부르면서 정몽주에게 만수산의 칡넝쿨처럼 조선에서도 함께 어우러져 살자고 하고 있다.

어구풀이

　만수산(萬壽山) : 개성에 있는 산
　드렁츩 : 산기슭 언덕에 얽혀 있는 칡덩굴

작가소개

　이방원(李芳遠, 1367~1422) : 태종. 조선 제3대 왕. 본관은 전주며 자는 유덕(遺德)이다. 태조 이성계의 다섯째 아들. 정도전 등과 고려를 멸하고 아버지인 이성계가 조선을 개국하는 데 큰 공헌을 했다. 정몽주를 회유하려다 실패하자 자신의 문객 조영규를 시켜 선죽교에서 살해한 것으로 유명하다.

이 몸이 죽어죽어(단심가)

이 몸이 죽어죽어 일백 번(一百番) 고쳐 죽어
백골(白骨)이 진토(塵土)되어 넋이라도 있고 없고
님 향(向)한 일편단심(一片丹心)이야 가실 줄이 있으랴

현대어 풀이

이 몸이 죽고 또 죽어 일백 번 다시 죽더라도
백골이 흙이 되어 넋이 있든 없든
임을 향한(고려 임금을 향한) 일편단심이야 변할 줄이 있으랴

해설

　이방원이 정몽주의 마음을 떠보려고 지은 '하여가'에 대한
화답가다. 이방원이 정몽주를 설득하려 하자, '고려 임금을 향
한 내 마음은 변함이 없으며, 한 왕조만을 섬길 것이다'라는
굳은 결의가 묻어 있는 시조다. 이 일로 정몽주는 이방원에 의
해 선죽교에서 살해를 당한다.

어구풀이

고쳐 : 다시   진토(塵土) : 흙

가실 줄이 : 변할 줄이

작가소개

정몽주(鄭夢周, 1337~1392) : 고려 말의 문신, 학자. 성리학에
밝았다. 자는 달가(達可), 호는 포은(圃隱)이다. 목은(牧隱) 이
색(李穡), 야은(冶隱) 길재(吉再)와 함께 고려 말 '삼은(三隱)'으
로 불린다. 태종 이방원이 고려 백성에게 존경받는 정몽주를
회유하려 하였으나, 죽을 때까지 한 왕조(고려)에 대한 절개를
지켰다. 이방원의 문객 조영규에게 선죽교에서 살해되었다.

백설이 잦아진 골에

백설(白雪)이 잦아진 골에 구름이 머흐레라
반가운 매화(梅花)는 어느 곳에 피었는고
석양(夕陽)에 홀로 서 있어 갈 곳 몰라 하노라

현대어 풀이

흰 눈이 녹아 없어진 골짜기에 구름이 험악하구나
반가운 매화는 어느 곳에 피었는가
날 저문 시간에 홀로 서서 갈 곳 몰라 하노라

해설

멸망해 가는 고려 왕조를 보며 작자는 회한에 잠겨 노래하고 있다. '백설'이라는 깨끗함은 곧 고려를 말함이요, '험악한 구름(구름이 머흐레라)'이라는 것은 앞으로 세차게 불어 닥칠 피바람을 예고하고 있다. 그래서 작자는 매화를 생각하며, 해질 무렵 홀로 서서 마음 둘 곳을 몰라 하고 있다.

어구풀이

잦아진 : 서서히 사라진, 여기서는 녹아 없어지는

머흐레라 : 험악하구나

작가소개

　이색(李穡 ; 1328~1396) : 고려 말의 문신, 학자. 정몽주 등
과 함께 성리학을 연구했다. 자는 영숙(穎叔), 호는 목은이다.
정몽주, 길재와 함께 고려 말 '삼은'으로 불린다. 충혜왕 복위
2년(1341)에 진사가 되었다. 원나라에서 한림원 등 여러 버슬
을 지냈다.

오백년 도읍지를(회고가)

오백년(五百年) 도읍지(都邑地)를 필마(匹馬)로 돌아드니
산천(山川)은 의구(依舊)하되 인걸(人傑)은 간데없다
어즈버 태평연월(太平烟月)이 꿈이런가 하노라

현대어 풀이

고려의 도읍지였던 개성 땅을 한 필의 말을 타고 둘러보니
산천은 옛날과 같이 변함이 없는데, 뛰어난 인재들은(고려시대
의 뛰어난 신하들은) 간 곳을 알 수 없구나
아! 태평스러웠던 지난날들(고려시대)이 꿈인가 싶구나

해설

　이 작품은 고려의 신하였던 길재가 고려 도읍지인 개성 땅
을 둘러보며 조선의 건국으로 고려의 흔적이 사라짐을 한탄
하는 시조다. 태평스러웠던 고려가 이렇게 허망하게 망한 것
이 마치 꿈이었던 것처럼 느껴진 것이다.

어구풀이

필마(匹馬) : 평민이 탄 한 필의 말, '필(匹)'은 '필부(匹夫)'의 뜻으로 작자가 보잘것없는 평민임을 암시

의구(依舊) : 옛날과 같이 변함이 없음

인걸(人傑) : 뛰어난 인재, 여기서는 고려의 신하

어즈버 : '아!' '오호(嗚呼)' '오!' 등의 감탄사

태평연월(太平烟月) : 나라가 안정되어 아무 걱정 없이 편안하고 즐거운 세월

작가소개

길재(吉再, 1353~1419) : 고려 말 조선 초의 성리학자, 문인. 자는 재보(再父), 호는 야은이다, 정몽주, 이색과 함께 고려 말 '삼은'으로 불린다. 조선이 건국된 뒤 정종 2년(1400)에 이방원이 태상박사에 임명하였으나 두 임금을 섬기지 않겠다며 거절하였다. 그리고 고향에서 후학을 양성하는 데 힘썼다.

흥망이 유수하니(회고가)

흥망(興亡)이 유수(有數)하니 만월대(滿月臺)도 추초(秋草)이
로다
오백년(五百年) 왕업(王業)이 목적(牧笛)에 부쳐시니
석양(夕陽)에 지나는 객(客)이 눈물겨워 하노라

현대어 풀이

흥하고 망함은 정해진 운수가 있으니, 화려했던 만월대(고려
왕실의 궁궐 터)도 이제 시들어버린 가을의 풀만이 황폐하게 남
았구나
고려의 오백 년 왕업이 이제는 목동의 피리 소리에 불과하니
해질 무렵 지나는 객이 슬퍼서 눈물겨워 하노라

해설

정해진 운명에 따라 사람 사는 인생이 흐른다면, 한 나라의
흥하고 망함 역시 정해진 운명에 따라 흐를까? 이 시조의 작
자는 '오백년 도읍지를'을 지은 길재처럼 개성 땅을 둘러보며
황폐해진 고려 왕업에 대한 회한에 젖어 있다. 허무함을 느끼
게 하는 시조다.

어구풀이

유수(有數) : 정해진 운수

만월대(滿月臺) : 개성 송악산 기슭의 고려 왕실의 궁궐터

추초(秋草) : 시들어버린 가을철의 풀, 여기서는 황폐해짐을
은유

목적(牧笛) : 목동이 부는 피리

부쳐시니 : 불리고 있으니, 여기서는 불과하니

작가소개

원천석(元天錫, 1330~?) : 고려 말 조선 초의 은사(隱士). 자
는 자정, 호는 운곡. 조선 태종 이방원의 스승. 문장과 학문에
뛰어났다. 고려 말에 진사를 지냈으나 당시의 문란한 정치를
개탄하며 치악산에 들어가 부모님을 봉양하고 농사를 지으며
은거했다. 나중에 왕위에 오른 이방원이 원천석의 집을 여러
차례 찾아 벼슬을 내리려 했으나 그때마다 응하지 않고 일부
러 피했다.

선인교 나린 물이(회고가)

선인교(仙人橋) 내린 물이 자하동(紫霞洞)에 흐르니
반천년(半千年) 왕업(王業)이 물소리 뿐이로다
아희야 고국흥망(故國興亡)을 물어 무엇하리오

현대어 풀이

선인교에서 흘러내린 물이 자하동에 이르니
고려의 오백 년 왕업이 이제 물소리만 남았구나
아이야! 옛 고려의 흥망을 따져본들 무엇 하리오

해설

이성계와 함께 조선을 건국한 정도전이 옛 고려의 서울이
었던 개성에 와서 고려의 흥망을 회고하며 부른 노래다. 고려
는 망하고 조선이라는 새 시대가 열렸는데 이미 망해버린 고
려를 생각하면 무엇 하겠는가. 즉 이미 망해버린 왕조는 잊어
버리고 새로운 시대를 열어보자는 작자의 마음이 담겨 있다.
어찌 보면 자신의 변절을 정당화하기 위해 노래한 것이기도
하다.

선인교(仙人橋) : 개성 자하동에 있는 다리

자하동(紫霞洞) : 개성 송악산 아래에 있는 마을

아희야 : 아이야, 별다른 뜻 없이 사용된 말

작가소개

정도전(鄭道傳, 1342~1398) : 고려 말 조선 초의 문신, 학자. 자는 종지, 호는 삼봉. 조선 개국 1등 공신. 이성계를 도와 조선을 개국한다. 문무를 겸비한 호방한 성격의 정치가였다. 한양 천도를 계획, 실행하는 등 개국을 주도적으로 이끌었다. 삼도도통사를 지내는 등 조선의 재정권과 병권을 장악했으나, 1차 왕자의 난 때 이방원에게 살해당한다.

까마귀 검다하고

까마귀 검다하고 백로(白鷺)야 웃지마라

겉이 검은들 속조차 검을소야

아마도 겉 희고 속 검을슨 너뿐인가 하노라

현대어 풀이

까마귀가 검다고 백로야 비웃지 마라

겉이 검다한들 속까지 검은 줄 아느냐

아마도 겉만 희고 속이 검은 것은 백로 네가 아니겠느냐

해설

　이 시조는 까마귀와 백로를 끌어들여 겉과 속이 다른 인간을 비유하여 노래한 작품이다. 까마귀는 비록 겉은 검지만 어미가 늙으면 어미를 봉양하는 착한 마음씨를 가졌다. 하지만 백로는 겉은 희지만 그렇지 못하다. 까마귀와 백로의 정반대 되는 겉모습을 비유해 가며 위정자들을 비꼬아 노래한 작품이라 할 수 있다.

어구풀이

검을소야 : 검겠는가, 검은 줄 아느냐

검을슨 : 검은 것은

작가소개

　이직(李稷, 1362~1431) : 고려 말 조선 초의 문신, 조선 개국 공신. 자는 우정, 호는 형재다. 고려 말 우왕 3년(1377)에 문과에 급제해 경순부주부대제학, 공양왕 때 예문제학을 지냈다. 이성계를 도와 조선을 개국한다. 2차 왕자의 난 때 이방원을 도왔으며, 대제학, 이조판서, 우의정, 영의정 등을 지냈다. 『형재시집』이란 문집을 지었다.

강호에 겨울이 드니(강호사시가)

강호(江湖)에 겨울이 드니 눈 깊이 자히 남다
삿갓 빗기 쓰고 누역으로 옷을 삼아
이 몸이 춥지 아니함도 역군은(亦君恩)이 다

현대어 풀이

강과 호수에 겨울이 오니 쌓인 눈의 깊이가 한 자가 넘는구나
삿갓을 비스듬히 쓰고 도롱이를 옷으로 삼아
이 몸이 춥지 않은 것은 역시 임금님의 은혜인가 하노라

해설

　좌의정을 지낸 작자가 말년에 벼슬을 내려놓고 고향에서 자연을 즐기는 풍경을 노래한 시조다. 이 시조는 춘하추동 네 계절로 지어졌는데, 여기에 소개한 시조는 그중에서 겨울을 노래한 것이다. 우리나라 최초의 연시조로 우리 문학사에서 중요한 위치를 차지하는 작품이다. 겨울을 노래한 이 시조는 도롱이로 옷을 삼아 춥지 않은 것도 임금님의 은혜로 돌리고 있다. 시조에는 이처럼 임금에 대한 은혜를 노래한 작품이 많다.

어구풀이

강호(江湖) : 강과 호수

자히 남다 : 한 자가 더 되다

빗기 : 비스듬히

누역 : 짚, 띠 따위로 엮어 허리나 어깨에 걸쳐 두르는 비옷,
도롱이

역군은(亦君恩)이샷다 : 역시 임금님의 은혜로다

작가소개

맹사성(孟思誠, 1360~1438) : 고려 말 조선 초의 문신. 자는
자명, 호는 고불이다. 조선 건국 후 이조판서, 좌의정, 우의정
등의 벼슬을 지냈다. 하지만 품성이 청렴하고 겸손하며 어질
어서 살림살이가 빈곤하였으며, 벼슬이 낮은 사람이 와도 공
손하고 동등하게 대했다. 청백리로 기록되어 있으며, 효성이
지극하여 집 앞에 정문(旌門)이 세워지기도 했다. 시문(詩文)
에 뛰어났을 뿐 아니라 음악에도 능해 악기를 직접 만들기도
했다.

까마귀 눈비 맞아

까마귀 눈비 맞아 희는 듯 검노매라
야광명월(夜光明月)이 밤인들 어두우랴
님 향(向)한 일편단심(一片丹心)이야 변(變)할 줄이 있으랴

현대어 풀이

까마귀가 눈비를 맞아 희어졌는가 싶더니 또다시 검어지는
구나
밤에도 빛이 나는 보석이 밤이라고 한들 어찌 어둡겠는가
임금님을 향한 일편단심이야 변할 줄이 있으랴

해설

이 시조의 작자 박팽년은 단종의 복위를 꾀하다 수양대군
(세조)에게 죽임을 당한 사육신 중 한 사람이다. 조카인 단종
을 쫓아내고 왕위에 오른 수양대군에 대한 분노를 노래하고
있다. 따라서 이 시조는 단종에 대한 충절을 노래한 작품이다.
'까마귀'는 수양대군을, '야광명월'과 '님'은 단종을 비유하고
있다.

"수양대군(까마귀) 네가 아무리 깨끗한 듯하지만 결국은 조

카를 내쫓은 나쁜 놈이다. 잠시 눈을 맞아 까마귀의 검은 빛이 흰 듯 보이지만, 다시금 비가 내려 눈이 씻기니 검은 네 몸이 나타나도다. 임금(야광명월, 단종)이 밤인들 어둡겠는가. 임금은 밤이라 하여도 밝게 빛나도다. 임금을 향한 내 마음이 변할 줄 알았느냐."라고 노래하고 있다. 작자의 강하고 굳은 절개가 느껴지는 시조다. 그는 세조에게 친국(親鞠)을 당하면서도 왕으로 대접하지 않았고 '나으리'라고 불렀다.

단종의 복위를 함께 꾀했던 김질의 배신으로 단종 복위가 실패로 끝났는데, 이때 김질이 수양대군의 명을 받고 옥중으로 가서, 박팽년에게 이방원의 '하여가'를 읊자 박팽년이 이 시조로 화답했다.

어구풀이

검노매라 : 검어지는구나
야광명월(夜光明月) : 밤에 밝게 빛나는 달, 여기서는 밤에도 빛이 나는 보석

작가소개

박팽년(朴彭年, 1417~1456) : 조선 세조 2년(1456)에 단종의 복위를 꾀하다가 김질의 밀고로 처형된 여섯 명의 충신인 사육신(死六臣, 박팽년, 성삼문, 이개, 하위지, 유응부, 유성원)의 한 사

람. 자는 인수, 호는 취금헌. 집현전 학사. 글씨와 문장 그리고 경서에 대한 학문이 뛰어나 '집대성'이라는 칭호를 받았다. 하지만 그의 저서가 전해지고 있지 않다. 세조를 왕으로 대접하지 않고 '나으리'라 불렀으며, 세조에게 친국을 당하여 3족이 멸족을 당했다.

이 몸이 죽어 가서

이 몸이 죽어 가서 무엇이 될꼬 하니
봉래산(蓬萊山) 제일봉(第一峰)에 낙락장송(落落長松) 되어 있어
백설(白雪)이 만건곤(滿乾坤)할 제 독야청청(獨也靑靑) 하리라

현대어 풀이

이 몸이 죽은 후에 무엇이 될 것인가 하면
신선들이 산다는 봉래산의 제일 높은 봉우리에 올라 긴 가지
가 축축 늘어진 키가 큰 소나무가 되었다가
흰 눈이 온 천지를 덮더라도 나 혼자만이라도 그 눈 속에서
푸르리라(남들이 모두 절개를 버리더라도 나 혼자만이라도 굳세게 절
개를 지키리라)

해설

이 시조의 작자 성삼문은 사육신의 한 사람이다. 이 시조는
수양대군이 조카인 단종을 폐하고 왕위에 오르자, 단종의 복
위를 꾀하다가 실패하여 세조에게 죽임을 당할 때 읊은 시조
다. 성삼문은 세조에게 친국을 당하게 되는데, 세조를 왕으로
대접하지 않았고 '나으리'라고 불렀다. 격하게 세조의 불의를

나무라자 격노한 세조가 무사를 시켜 불에 달군 쇠로 그의 다리를 태우고 칼로 팔을 잘라내게 했으나 그는 안색도 변하지 않았다.

이 작품에서 성삼문은 자신의 굳은 절개를 곧고 푸른 소나무에 비유하고 있다. 그것도 추운 겨울 눈에 덮인 세상, 신선이 산다는 봉래산 중에서도 제일 높은 곳에 우뚝 서 있는 소나무에 비유하고 있다. 자신의 절개는 신선과 같다는 뜻도 된다. 그리고 소나무 중에서도 제일 높은 곳에 서 있는 당당하고 가장 큰 소나무에 비유하고 있다. 성삼문의 굳은 절개와 결의가 잘 나타난 시조다.

어구풀이

봉래산(蓬萊山) : 중국에서 신선들이 산다는 산, 여기서는 서울의 남산을 가리킴

낙락장송(落落長松) : 긴 가지가 축축 늘어진 키가 큰 소나무

만건곤(滿乾坤) : 하늘과 땅에 가득함, 즉 온 천지, 온 누리, 온 세상

독야청청(獨也靑靑) : 홀로 푸르고 푸름

작가소개

성삼문(成三問, 1418~1456) : 사육신의 한 사람. 자는 근보. 호는 매죽헌. 집현전 학사. 시문(時文)에 능했으며 벼슬이 승지에 올랐으나, 단종 복위에 실패하여 수양대군에 의해 형장의 이슬로 사라졌다. 친국장에서 세조를 '나으리'라 불렀다. 1446년 9월 29일, 정인지 등과 함께 한글 창제에 힘썼으며 훈민정음을 반포하는 데 큰 공을 세웠다.

방안에 혓는 촉불(홍촉루가)

방(房) 안에 혓는 촉(燭)불 눌과 이별하였관대
겉으로 눈물지고 속 타는 줄 모르는고
저 촉(燭)불 날과 같으여 속 타는 줄 모로도다

현대어 풀이

방 안에 켜 있는 촛불은 누구와 이별하였기에
겉으로 눈물 흘리고 속이 타들어가는 걸 모르고 있는가
저 촛불 나와 같아서 속이 타들어가는 걸 모르는구나

해설

　이 시조의 작자는 사육신의 한 사람인 박팽년이다. 이 시조
는 수양대군에 의해 영월로 쫓겨난 단종을 생각하며 지은 작
품이다. 천 리 먼 길 쫓겨난 단종을 생각하며 자신을 촛불에
비유하여 노래하고 있다. 흔히 촛불이 탈 때 흘러내리는 촛농
을 눈물에 비유하곤 한다. 이 시조 역시 촛농을 작자의 눈물로
비유하여 촛불처럼 작자의 마음도 타들어가고 있음을 노래하
고 있다.

어구풀이

촉(燭)불 : 촛불   혓는 : 켜 있는

눌과 : 누구와   날과 : 나와

같으여 : 같아서

작가소개

　이개(李塏, 1417~1456) : 사육신의 한 사람. 조선 단종 때의
문신. 자는 청보, 호는 백옥헌. 천부적인 글재주를 타고났다.
집현전 학사로 훈민정음 제정에도 참여했다. 세조에 의해 수
레에 두 다리가 묶여 몸이 두 조각이 나는 거열형을 당하여
죽었다.

간밤에 불던 바람에

간밤에 불던 바람에 눈서리 치단말가
낙락장송(落落長松)이 다 기울어 가노매라
하물며 못다 핀 꽃이야 닐러 무슴하리오

현대어 풀이

간밤에 불던 바람에 수양대군의 포악스러운 피바람이 친단
말인가
단종을 지키던 낙락장송처럼 곧고 거대한 김종서 장군이나
황보인 대감이 죽어갔으니
하물며 다 피지 못한 젊은 인재들이야 말하여 무엇하리오

해설

이 시조의 작자 역시 사육신의 한 사람인 유응부다. 세조의
친국 형장에서 작자는 세조를 '자네'라고 불렀다. 무관(武官)
의 강직함을 잘 보여주는 대목이다.

이 시조는 단종을 보위하던 김종서 장군과 황보인 대감이
수양대군에게 살해당함을 알고 한탄하여 부른 작품이다.

다른 사육신들은 모두 문신인 데 비해 오직 유응부만이 무

관이었다. 그래서인지 초장에서부터 무관으로서의 강함이 나타나 있다. 눈서리가 쳤다는 것은 수양대군의 포악스러운 피바람이 불어닥쳤다는 뜻이다. 낙락장송이 다 기울었다는 것은 김종서나 황보인과 같은 이가 죽었다는 뜻이며, 종장은 저렇게 거대한 인물들이 죽었는데 이제 한창 자라나는 젊은 인재들이야 말할 필요가 없다고 노래하고 있다. 다시 말해서 젊은 인재 또한 수없이 죽어나갈 것이라고 예언하듯 노래했다. 유응부의 예언대로 김종서와 황보인의 죽음 이후, 세조 2년 (1456) 사육신을 비롯한 젊은 인재들이 수없이 죽었다.

어구풀이

눈서리 : 눈과 서리, 세조의 포악스러운 피바람을 은유

치단말가 : 친다는 말인가

낙락장송(落落長松) : 긴 가지가 축축 늘어진 키가 큰 소나무, 여기서는 절개가 곧은 충신을 낙락장송에 비유함(김종서, 황보인과 같은 원로대신을 뜻하기도 함)

닐러 : 일러, 말하여

무슴하리오 : 무엇하리오

작가소개

  유응부(兪應孚, ?~1456) : 자는 신지, 호는 벽량. 사육신의 한 사람으로 사육신 중 유일한 무관. 세조 2년(1456) 명나라 사신을 초청하여 연회 하는 날에 창덕궁에서 유응부와 성승(성삼문의 아버지)이 세조 바로 양옆 좌우에서 칼을 차고 호위하는 별운검을 맡아 세조를 직접 살해하고 단종을 복위하려 했으나 김질의 밀고로 실패하였다.

천만리 머나먼 길에

천만리(千萬里) 머나먼 길에 고은 님 여의옵고
내 마음 둘 데 없어 냇가에 앉았으니
저 물도 내 마음 같아서 울어 밤길 네놋다

현대어 풀이

천만리 머나먼 길에 고운 임(단종)을 이별하고
내 마음 둘 데 없어 냇가에 앉았으니
저 냇가의 물 내 마음 같아서 울면서 밤길을 가는구나

해설

　이 시조의 작자는 세조 때 의금부도사로 단종을 영월까지 호송한 왕방연이다. 이 시조에는 비록 새 임금인 세조의 명을 받고 단종을 호송했지만, 어린 단종을 유배지에 두고 돌아와야 하는 작자의 서글픈 심정이 담겨 있다. 단종과 이별하고 돌아오는 길에 냇가에 앉아 흘러가는 물을 보며, 스스로 자신을 한탄하고 있다.

　훗날 왕방연은 단종에게 사약을 내릴 때에도 그 책임을 맡은 의금부도사로서 직접 가게 되니 이 무슨 기구한 운명이란 말인가. 그는 뜰에 엎드려 있을 뿐 어찌하지를 못했으며, 사약을 바로 올리지 못했다 한다. 단종이 온 까닭을 물었을 때에도 대답을 못했다.

어구풀이

고은 님 : 고운 임, 여기서는 단종을 가리킴

여의옵고 : 이별하고   녜놋다 : 가도다

작가소개

왕방연(王邦衍, ?~?) : 조선 초의 문신. 세조 때 의금부도사를 지냈다. 의금부도사라는 직책으로 인해 단종이 노산군으로 격하되어 영월에 유배될 때도 호송하였고, 세조가 사약을 내릴 때에도 그것을 가지고 가게 된다.

추강에 밤이 드니

추강(秋江)에 밤이 드니 물결이 차노매라
낚시 드리치니 고기 아니 무노매라
무심(無心)한 달빛만 싣고 빈 배 저어 오노라

현대어 풀이

물결이 차가운 가을철 강가에 밤이 오니 물결이 차구나
낚시를 드리우니 고기가 물지 않는구나
무심한 달빛만 싣고 빈 배 저어 오노라

해설

이 시조의 작자는 강가에 낚시를 드리우고 한가롭게 풍류를 즐기고 있다. 작자는 성종의 형인 월산대군 이정으로, 임금이 될 수 있었으나 오르지 못했다.

작자는 자연에 은둔하며 욕심 없이 살아갔다. 작품에서 '고기'는 세상의 욕심이요, '무심한 달빛'이나 '빈 배'는 작자의 욕심 없는 마음을 나타내고 있다. 이 시조에서도 보여주듯 작자는 모든 욕심을 버리고 자연과 더불어 풍류를 즐기며 유유자적하고 있다. 이렇지 않았다면 당시 정치적 상황으로 보아 살아남을 수 없었을 것이다.

어구풀이

추강(秋江) : 가을철의 강   차노매라 : 차구나

드리치니 : 드리우니   무노매라 : 무는구나

작가소개

　월산대군(月山大君, 1454~1488) : 조선의 왕족. 세조의 손자.
본명은 이정. 자는 자미, 호는 풍월정. 성종의 형. 덕종의 장자
로서 임금에 오를 수 있었으나 한명회 등의 농간으로 밀려나
자연에 은둔했다.

풍상이 섯거친 날에(옥당가)

풍상(風霜)이 섯거친 날에 갓퓌온 황국화(黃菊花)를
금분(金盆)에 가득 담아 옥당(玉堂)에 보내오니
도리(桃李)야 꽃인 체 마라 님의 뜻을 알니라

현대어 풀이

바람과 서리가 뒤섞어 쳐 내린 날에 갓 핀 노란 국화를
금으로 만든 귀한 화분에 가득 담아 옥당(홍문관)에 보내오니
복사꽃과 오얏꽃아 너희는 꽃인 체하지 마라. 풍상을 이겨내
며 피는 국화꽃을 보내신 임금님의 뜻을 알겠구나

해설

이 시조는 명종이 가을 밤 궁궐을 거닐다가 노란 국화를 꺾어
옥당관에게 주며 시 한 수를 지으라 했다. 그런데 명을 받은
당시의 옥당관은 당황하여 시를 짓지 못했다. 이때 마침 홍문
관(옥당)에서 숙직하던 송순이 이 소식을 듣고 시를 지어 옥당
관에게 주었다. 옥당관은 이 시를 임금에게 올리니 명종은 감
탄하며 누가 지었는가를 물었다. 옥당관이 사실대로 고백하
자 명종은 송순에게 큰 상을 내렸다.

복사꽃과 오얏꽃은 봄에 잠시 피었다가 져버려 '변절자'로 비유된다. 하지만 국화와 매화는 온갖 풍상을 이겨내고 피는 꽃으로 '지조와 절개'를 뜻한다. 이런 시를 바치니 어느 임금이 감탄하지 않겠는가.

어구풀이

풍상 : 바람과 서리   섯거친 : 섞어 친, 뒤섞어 친

갓퓌온 : 갓 핀, 이제 막 핀

금분(金盆) : 금으로 만든 화분, 귀하고 좋은 화분이란 뜻

옥당(玉堂) : 홍문관   도리(桃李) : 복사꽃과 오얏꽃

작가소개

송순(宋純, 1493~1583) : 자는 수초, 호는 면앙정. 조선 중기의 문신이며, 91세까지 산 장수 시인. 50세 때 개성 유수로 있을 때 황진이와 사귀었다. 시회(詩會)를 자주 열어 당대의 가객시인들 초대하였는데, 이때 황진이, 임제, 정철 등 당대의 내로라하는 호걸들이 참석하여 시를 읊고 술을 마시며 풍류를 즐겼다. 송순은 음악에도 뛰어나 가야금과 거문고도 잘 탔으며, 시가(詩歌)와 풍류를 즐길 줄 아는 사람이었다. 벼슬을 그만둔 뒤 고향인 전남 담양에 귀향하여 면앙정(俛仰亭)을 짓고 그곳에서 시를 읊고 독서와 풍류를 즐기며 여생을 보냈

다. 성격은 호탕하며 너그러웠다. 그의 제자였던 임제와 정철이 송순의 호탕함과 학문적 영향을 받았다. 시조 22수와 한시 520여 수가 전해지고 있다. 저서로는 『기촌집』『면앙집』『면앙정가』등이 있다.

송순과 강호가도

조선시대에는 당쟁과 권력다툼이 많아 벼슬을 버리고 속세를 떠나 강호(江湖) 속에 묻혀 시가를 벗하고 사는 시인이나 가객(歌客)이 많았다. 이를 가리켜 '강호가도(江湖歌道)'라고 하는데, 송순은 강호가도의 효시로 볼 수 있다. 그가 살던 시대는 을미사화 등 4대사화(四大士禍)가 일어나는 등 혼란한 때였으므로 속세를 떠나 자연에 묻혀 사는 것이 자연스러웠다. 송순은 담양에 면앙정을 짓고 임제, 정철, 김인후, 고경명, 임억령 등과 교유(交遊)하며 면앙정가단을 형성였다.

마음이 어린 후이니

마음이 어린 후(後)이니 하는 일이 다 어리다
만중운산(萬重雲山)에 어느 님 오리마는
지는 잎 부는 바람에 행여 긘가 하노라

현대어 풀이

마음이 어리석으니 하는 일이 다 어리다
구름이 겹겹으로 둘러싸인 이 깊은 첩첩산중에 사랑하는 임
이 올까마는
떨어지는 낙엽과 바람 소리에 행여 임이 찾아왔는가 하노라

해설

　이 시조는 황진이를 그리워하는 작자 서경덕의 마음이 잘
나타나 있다. 이 깊은 첩첩산중에 황진이가 올 리 없지만, 낙
엽 구르는 소리와 바람 소리가 혹시 황진이가 오는 발자국 소
리인가하고 기다리는 애타는 마음을 노래하고 있다. 도학자
로서 도를 닦고 있었지만, 한 인간으로서 총명하고 어여쁜 여
인에 대한 사모의 정은 어쩔 수 없었나 보다.

　황진이는 서경덕의 제자로서 그에게 학문과 세상 이치를

깨닫기 위해 개성 화담에 있는 그의 거처를 드나들었다. 황진이가 서경덕을 유혹하려 했지만 서경덕은 그녀에게 넘어가지 않았다. 하지만 한 인간으로서 어찌 어여쁜 여인을 두고 혹하는 마음이 없었겠는가. 쓸쓸한 초막에서 그녀를 향한 그리움을 이 시에 담아 노래하고 있다.

어구풀이

어린 : 어리석은

만중운산(萬重雲山) : 구름이 겹겹으로 둘러싸인 산, 첩첩산중

어느 님 : 여기서는 황진이를 가리킴　　행여 : 혹시

긘가 : 그이인가, 그 사람인가

작가소개

　서경덕(徐敬德, 1489 ~ 1546) : 자는 가구, 호는 화담 또는 복재. 조선 중기의 철학자, 문인. 과거에 응시하지 않았으며, 송도(개성)의 화담이란 곳 초막에서 오직 학문과 깨달음에만 정진하였다. 43세 때에 어머니의 요청에 따라 식년시 생원과에 응시해 합격하기도 했으나 대과(大科)에 응시하거나 벼슬길에 나가지는 않았다. 신분을 가리지 않고 제자들을 받아들였는데, 제자들 또한 그의 영향으로 대부분 벼슬에 오르지 않았다. 제자로는 『토정비결』을 쓴 이지함, 허균의 아버지인 허

엽, 영의정을 지낸 박순 등 수많은 문인들이 있다. 문집으로는 『화담집』이 전해진다.

송도삼절(松都三絶)

황진이가 서경덕을 찾아 말하기를, 송도에 삼절(三絶)이 있는데, 첫째가 박연폭포요, 둘째가 서경덕이요, 셋째가 황진이 자신이라고 했다. 그래서 박연폭포, 서경덕, 황진이를 송도삼절(松都三絶)이라 한다.

마음아 너는 어이

마음아 너는 어이 매양에 져멋는다
내 늙을 적이면 넨들 아니 늙을소냐
아마도 너 좃녀 다니다가 남 우일까 하노라

현대어 풀이

마음아 너는 어이 마냥 젊어 있느냐
내가 늙을 적이면 너인들 늙지 않으랴
아마도 너를 쫓아다니다가 남들이 나를 보고 웃을까 두렵구나

해설

　앞의 시조에서도 '마음'이라는 말이 나왔지만, 서경덕의 작품마다 비치고 있는 '마음'은 그의 오랜 수도생활에서 자연스럽게 나올 수 있는 말이다.

　황진이의 뛰어난 시적 재능과 아름다움에 넘어가지 않은 남정네들이 없건만, 서경덕도 인간일진대 어찌 마음의 동요가 없겠는가. "도학자인 서경덕이 한갓 기녀인 황진이를 이렇게 사모하여 그녀를 좇는다면 어찌 남들이 비웃지 않겠는가," 라며 자신을 돌아보고 있다. 황진이를 좇는 자신의 마음을 두

려워하며 추스르고 있는 것이다.

어구풀이

매양에 : 마냥, 늘   져멋는다 : 젊었느냐

녠들 : 너인들   좃녀 : 쫓아

우일까 : 웃길까, 웃을까 비웃을까

청초 우거진 골에

청초(靑草) 우거진 골에 자난다 누웠난다
홍안(紅顔)을 어디 두고 백골(白骨)만 무쳤난이
잔(盞) 잡아 권(勸)할 이 없으니 그를 슬허 하노라

현대어 풀이

푸른 풀이 우거진 골짜기에서 자는 것이냐 누은 것이냐
그 젊고 어여쁜 얼굴을 어디 두고 백골만 묻혔느냐
잔을 잡아 술 한 잔 권할 이 없으니 그것을 슬퍼하노라

해설

  한량이었던 임제는 평안도사로 부임하는 길에 황진이의 무
덤을 찾아 그녀의 죽음을 애도하며 이 시조를 읊었다. 종장에
서 "잔(盞) 잡아 권(勸)할 이 없으니 그를 슬허 하노라"라고 한
것을 보니 아마도 술 한 병을 들고 황진이의 무덤을 찾았나
보다. 이것이 조정에 알려지면서 임제는 부임하기도 전에 파
직당하게 된다. 양반이 한갓 기녀의 무덤에 가서 그녀의 죽음
을 한하여 시를 썼으니 쫓겨나는 것은 당연한 일인지도 모른
다. 하지만 임제는 벼슬에서 쫓겨난 것을 후회하지 않고 명산

을 찾아다니며 풍류를 즐기며 인생을 살았다. 살아생전 황진이와 사귀었다는 설도 있고, 기회가 맞지 않아 단 한 번도 보지 못했다는 설도 있다.

아무튼 임제가 황진이의 무덤을 찾아 통탄하기 이전에, 황진이는 서경덕의 죽음을 애통해 하며 다음과 같이 노래했었다.

산(山)은 옛 산(山)이로되 물은 옛 물 아니로다

주야(晝夜)에 흐르니 옛 물이 있을소냐

인걸(人傑)도 물과 같도다 가고 아니 오노매라

"산은 옛 산 그대로인데 물은 흐르니 옛 물이 아니구나. 밤낮으로 물이 흐르니 옛 물이 그대로 있겠는가. 세월은 이처럼 물과 같이 흐르는 것이니 아무리 뛰어난 인물일지라도 한번 가고는 다시 오지 않는구나"라며 서경덕의 죽음을 한탄하고 있다. 그런데 이제는 도리어 임제가 한탄하는 대상이 되어 무덤에 누워 있으니 인생무상이라 할 수 있다.

어구풀이

자난다 : 자느냐   누웠난다 : 누웠느냐

홍안(紅顔) : 붉은 얼굴, 젊고 예쁜 얼굴을 뜻함

무쳤난이 : 묻혔느냐   슬허 : 슬퍼

작가소개

임제(林悌, 1549 ~ 1587) : 자는 자순, 호는 백호. 예조정랑을 지냈고, 당대의 명문장가로 이름을 떨쳤던 조선 중기의 시인이며 39세에 요절한 천재 시인이다. 성품이 자유분방하고 스승인 송순을 닮아 호탕한 한량이었으며, 시가와 풍류를 즐길 줄 아는 호남아였다. 어디에 구속되는 것을 싫어했고, 당쟁과 권력 다툼에 급급한 소인배들에게 진절머리를 느껴 전국을 돌아다니며 숱한 일화를 남겼다. 술과 의기가 서로 통하는 기녀를 찾아 함께 풍류를 즐기기를 좋아했다. 황진이의 무덤을 찾은 일화와 더불어 기녀 한우(寒雨)와의 일화도 유명하다. 문집으로는 『임백호집』, 한문 소설로 『화사』 『수성지』 『부벽루 상영록』이 있다.

북천이 맑다커늘(한우가)

북천(北天)이 맑다커늘 우장(雨裝) 없이 길을 나니
산(山)에는 눈이 오고 들에는 찬비로다
오늘은 찬비 맞았으니 얼어 잘까 하노라

현대어 풀이

북쪽 하늘이 맑다고 하기에 비옷을 입지 아니하고 길을 나섰
더니
산에는 눈이 오고 들에는 찬비가 오는구나
오늘은 찬비를 맞았으니 얼어 잘 수밖에 없구나

해설

이 시조는 임제가 평양 기녀인 한우를 만나면서 그녀를 품
기 위해 노래한 작품이다.

초장과 중장에서, 북쪽 하늘이 맑다고 해서 비옷을 입지 않
고 길을 나섰더니, 눈도 오고 차가운 비도 내린다고 한 것은,
종장에서 자신의 뜻이 무엇인가를 나타내기 위한 도입부다.

"오늘은 찬비 맞았으니 얼어 잘까 하노라"라고 말하고 있
으니 한우의 마음을 떠보기 위함이며, 찬비를 맞았다는 것은

곧 한우를 만났다는 뜻이다. '찬비'는 '차가운 비'라는 뜻의 이름을 가진 한우(寒雨)의 이름을 비유한 것이다. 이렇게 "한우 너를 만났으니 얼어 자야겠구나."라며 한우의 마음을 떠보고 있다. 이에 한우는 화답가를 부른다.

어이 얼어 잘이 무슨 일 얼어 잘이
원앙침(鴛鴦枕) 비취금(翡翠衾)을 어디 두고 얼어 잘이
오늘은 찬비 맞았으니 녹아 잘까 하노라

한우는 임제와 함께 동침하겠노라고 노래하고 있다. 종장의 '찬비'란 한우 자신을 말한다. '맞았으니'라는 것은 '맞이했으니' 또는 '만났으니'라는 뜻이다. '녹아 잘까 하노라'라고 한 것은 함께 한몸이 되어 뜨겁게 정염을 불태우겠다는 뜻이다. 종장에서 한우는 아주 기가 막히게 결구를 맺고 있다.

다시 말해서 한우는 "어찌하여 얼어 주무시려하십니까. 원앙침, 비취금을 두고 어찌하여 홀로 쓸쓸히 얼어 주무시려 하십니까. 오늘은 나를 만났으니 뜨거운 정염을 불태워 봅시다."라며 임제의 마음을 받아들이겠노라는 화답가를 보낸 것이다. 임제 같은 당대의 대 문장가며 풍류객인 선비를 어느 여자가 마다하겠는가.

어구풀이

북천(北天) : 북쪽 하늘

우장(雨裝) : 비옷

찬비 : 차가운 비, 한우를 가리킴

동짓달 기나긴 밤을

동짓(冬至)달 기나긴 밤을 한 허리를 베어내어
춘풍(春風) 이불 아래 서리서리 넣었다가
어른 님 오신 날 밤이어든 굽이굽이 펴리라

현대어 풀이

동짓달 그 기나긴 밤의 절반을 뚝 베어내어
봄바람처럼 따뜻한 이불 속에 서리서리 넣어두었다가
정든 임이 꽁꽁 얼어 오시는 날 밤에, 절반을 뚝 베어낸 밤을
길게길게 이어 그 밤이 더디 새게 굽이굽이 펴리라

해설

　이 시조는 황진이가 이사종을 그리워하며 지은 작품이다.
　동짓달의 밤은 참으로 길고 길다. 그래서 황진이는 그 기나긴 밤의 절반을 미리 뚝 잘라내어 이불 속에 넣어두다가, 사랑하는 임이 오신 날 임과 함께 오래오래 사랑을 나누고 싶다고 노래하고 있다. 사랑하는 사람과 함께 있으면 시간이 너무 빨리 가는 것처럼 느껴지는 법. 그래서 함께 오래 하고 싶다는 작자의 마음이 담겨 있다.

황진이의 시조가 대부분 그러하듯 여성미를 잘 살려 우리 말을 유창하게 구사하고 있다. 마치 새가 먹이를 낚아채듯 시상(詩想)을 잡아채는 것이라든지, 그것을 적절하게 사용하여 제 위치에 정확하게 가려놓는 솜씨가 참으로 일품이다. 황진이의 이러한 시적 재능이 다른 시조에서도 잘 나타나고 있음은 그녀의 타고난 예술적 기질이라 할 수 있다.

어구풀이

춘풍(春風) 이불 : 봄바람처럼 따뜻한 이불

서리서리 : 국수나 실 따위를 둥그렇게 포개어 놓은 모양

어른 님 : 정든 임, 또는 동짓달의 차가운 날씨에 몸이 언 임

작가소개

황진이(黃眞伊, ?~1530) : 조선 중종 때의 명기. 개성(송도) 출신. 본명은 진, 일명 진랑. 기명은 명월. 황진사의 서녀로 태어났다고도 하고, 맹인의 딸이었다고도 전한다. 한양의 명창 이사종과는 송도에서 3년, 한양에서 3년 간 계약 동거를 했다.

미모와 시적 재능, 가창, 거문고, 서예 등 시서음률(詩書音律)이 당대의 으뜸이었으며 매우 총명하였다. 시조 6수와 한시 8수가 전한다. 벽계수 등 여러 남자들을 유혹하여 망신을 주었으며, 천마산 지족암에서 10년 동안 면벽 수도하여 생불

(生佛)이라 불리던 지족선사를 유혹하여 파계시키기도 했다. 그러나 서경덕만은 황진이의 유혹에 넘어가지 않았고, 그 이후 사제관계로 지냈다.

어져 내일이야

어져 내 일이야 그릴 줄을 모르더냐
있으라 했다면 가랴마는 제 구태여
보내고 그리는 정(情)은 나도 몰라 하노라

현대어 풀이

아! 내가 저지른 일이여. 어찌하여 보내놓고 그리워할 줄 몰랐더냐
있으라고 붙들었더라면 갔을 리 없건마는 굳이
보내놓고 그리워하는 정은 나도 모르겠구나

해설

　이 시조는 일서생(一書生)이라는 선비와의 이별을 한(恨)하며 부는 노래다. "임을 붙잡고 보내지 않았더라면 이렇게 후회하지 않을 터인데"라는 한 여인의 사무치는 그리움이 잘 묻어나 있다.
이 시조는, 이별의 정한을 노래한 고려가요 '가시리'라든가 김소월의 '진달래꽃'처럼 여성적이고 곡선적인 우리말의 특성을 잘 살렸다.

어구풀이

어져 : 아! 감탄사

내 일이야 : 내가 하는 일이여

이화우 흩뿌릴 제

이화우(梨花雨) 흩뿌릴 제 울며 잡고 이별(離別)한 님
추풍낙엽(秋風落葉)에 저도 날 생각는가
천리(千里)에 외로운 꿈만 오락가락 하노라

현대어 풀이

봄에 배꽃이 비처럼 흩뿌려지면서 떨어질 때 울며 잡고 이별
한 임
가을바람에 떨어지는 낙엽을 보며 임께서도 나를 생각하는가
천리 먼 길에 외로운 꿈만 오락가락하는구나

해설

　이매창은 전라도 부안에, 사랑하는 임 유희경은 천 리 먼
길 서울에 있었는데, 배꽃이 비 오듯 흩뿌려 떨어지는 봄에 서
로 헤어졌다. 헤어진 지 몇 년이 지났는지는 모르겠지만, 작자
는 낙엽 떨어지는 가을에 천 리 먼 곳으로 떠난 임을 생각하
고 있다. 쓸쓸하게 떨어지는 낙엽을 보면서 내가 임을 생각하
듯 임도 자기를 생각해 주기를 바라고 있다. 그래서 수절까지
하고 잠 못 드는 애끓는 한 여인의 가련함이 나타난 작품이다.

참으로 고귀한 사랑의 애절함이라. 요즘 세태에 이처럼 한 사람만 생각하는 일편단심을 가진 연인이 얼마나 될까. 현대인들은 본받아야 할 것이다.

이매창은 유희경이 한양으로 떠난 후 돌아오지 않자 이 시조를 짓고 수절하였는데, 28세이나 연상인 유희경을 기다리다가 38세의 나이에 애처롭게 죽었다. 그녀가 죽을 때 거문고도 함께 묻혔다.

이매창이 죽은 뒤 45년이 지난 효종 6년(1655)에 묘비를 세웠는데, 글자가 마멸이 심하여 1917년에 다시 세웠으며, 1983년 '전라북도기념물 제65호'로 지정됐다. 이매창의 묘는 전라북도 부안에 있는데, 현재는 부안 사람들이 부안읍에 '매창 공원'을 조성하고 매년 음력 4월 5일 제사를 지내고 있다. 기녀로서는 최초의 일이다. 이 남자 저 남자를 넘나들던 황진이와는 달리 오직 한 사람만을 사랑하는 이매창의 고결함이 후대에 널리 존경받기 때문일 것이다. 또한 황진이와 비교가 되지 않을 만큼 많은 작품을 남겼다.

어구풀이

이화우(梨花雨) : 비처럼 떨어지는 배꽃, 배꽃이 비처럼 떨어지는 봄

흩뿌릴 제 : 흩어져 뿌려질 때

추풍낙엽(秋風落葉) : 가을바람에 지는 낙엽

생각는가 : 생각하는가

작가소개

이매창(李梅窓, 1573~1610) : 부안 현리 이양종의 서녀로 태
어난 천재 시인이자 기녀다. 본명은 향금. 호는 매창, 또는 계
유년에 태어나서 계랑, 계생이라고도 한다. 시조와 한시에 능
했으며, 거문고와 가무도 능했다. 황진이와 쌍벽을 이룬 조선
중기의 명기다. 작품집으로는 그녀가 죽은 뒤 현종 9년(1668),
입에서 입으로 전해지던 것을 부안의 아전들이 외워 만든, 한
시 58수로 묶은 『매창집』이 전해지고 있다. 그 외에 『청구영
언』과 『가곡원류』 등에 유희경과의 이별을 슬퍼하며 지은 시
조가 전해지고 있으며, 『조선해어화사』에도 시조 10수가 전
해지고 있다. 가사, 시조, 한시 등 수백 수를 지었으나 모두 전
해지고 있지는 않다. 허균, 이귀와도 시를 나누며 교유하였다.
특히 허균은 이매창의 죽음을 애통해 하는 시를 남기기도 했
다. '매창 공원'에 그녀의 시비가 있다.

묏버들 갈해 꺾어

묏버들 갈해 꺾어 보내노라 님의 손에
자시는 창(窓) 밖에 심어두고 보소서
밤비에 새잎이 나거든 날인가도 여기소서

현대어 풀이

묏버들 가지를 잘 가리어 꺾어서 떠나는 임의 손에 드리오니
주무시는 창 밖에 심어두고 보소서
밤비를 맞아 내가 드린 그 묏버들 가지에 새잎이 나거든 그
잎을 보고 나인가 여기소서

해설

참으로 청아하고 담담한 시조다. 예나 지금이나 사랑하는
사람과의 이별은 언제나 가슴 아픈 것. 그래서 작자는 이별하
는 임에게 묏버들을 꺾어 정표로 준다. 그리고 그것을 보며 자
신을 생각하라고 노래하고 있다. 얼마나 순수한 작자의 마음
인가. 또한 작자의 순정이 얼마나 잘 담겨 있는 노래인가.

이 시조는 기녀 홍랑이 학문과 문장에 뛰어난 삼당시인(三
唐詩人) 최경창(崔慶昌)과의 이별을 서러워하여 부른 노래다.

그녀가 아름다운 외모에 양갓집 규수의 풍모, 총명함, 뛰어난 시적 재능으로 기적(妓籍)에 오르자 세도가며 뭇 한량들이 돈 꾸러미를 싸들고 그녀를 취하려 했다. 하지만 홍랑은 모든 유혹을 뿌리친다. 그러던 어느 날 최경창이 북평사로 경성에 갔을 때 그녀는 최경창을 만났고, 그의 막중(幕中)에 함께 있으며 사랑을 나누게 된다. 그리고 최경창이 이듬해 임기를 마치고 서울로 떠나게 되자, 쌍성(영흥)까지 따라와 작별하고 집에 돌아갔다. 그러던 중 함흥 땅 함관령에 이르렀을 때 사랑하는 임과 이별한 슬픔을 이겨내지 못한 그녀의 애틋한 심정을 지은 한 수의 시조와 묏버들을 꺾어 최경창에게 보낸다. 그 시조가 바로 이 작품이다.

어구풀이

묏버들 : 산버들

갈해 꺾어 : 가리어 꺾어, 좋은 것으로 가려내어(골라내어) 꺾어

작가소개

　홍랑(洪娘, ?~?) : 조선 선조 때의 기녀. 함남 홍원 출생. 어릴 적 일찍이 아버지를 여의고 어린 나이에 홀어머니의 병환까지 보살피던 효녀였다. 아름다운 미모와 천부적 시적 재능을 가졌다. 황진이, 이매창과 더불어 조선의 3대 명기다.

짚방석 내지 마라

짚방석(方席) 내지 마라 낙엽(落葉)엔들 못 앉으랴
솔불 혀지 마라 어제 진 달 돋아온다
아희야 박주산채(薄酒山菜)일망정 없다 말고 내여라

현대어 풀이

짚으로 만든 방석을 내지 마라, 낙엽엔들 못 앉겠는가
소나무 가지에 붙인 불을 켜지 마라, 어제 진 달이 다시 떠오른다
아이야, 변변치 못한 술과 나물일지라도 좋으니 없다 말고 내어 오너라

해설

　작자의 소탈한 모습을 보여주는 시조다. 작자는 가을밤에 산에 올랐다. 그런데 굳이 짚으로 만든 방석이 필요 있겠는가. 낙엽을 방석 삼아 앉으면 된다. 어제 진 달이 오늘도 다시 떠올라 밝으니 소나무 가지를 태워 굳이 불을 밝힐 필요도 없다. 먹을 것도 가릴 필요가 있겠는가. 변변찮은 술과 나물일지라도 좋으니 없다고 하지 말고 내어 오너라. 산촌에서 풍류를 즐

기는 작자의 욕심 없는 마음이 잘 나타나 있다.

어구풀이

짚방석(方席) : 짚으로 만든 방석

솔불 : 송진이 많이 엉긴 소나무의 옹이나 가지에 붙인 불

혀지 : 켜지

돋아온다 : 떠오른다

박주산채(薄酒山菜) : 맛이 별로 좋지 못한 술과 산나물

작가소개

한호(韓濩, 1543~1605) : 조선 중기의 서예가. 자는 경홍, 호는 석봉. 호인 한석봉으로 더 많이 알려졌다. 모든 서체에 뛰어났으며, 명나라에까지 이름이 알려졌다. 조선시대 서예계에서 김정희와 쌍벽을 이룬다. 글씨를 잘 써 주로 국가의 여러 문서나 외교 문서를 썼다. 친필은 별로 없으나 서경덕신도비, 행주승전비 등 비문(碑文)이 여러 지방에 많이 남아 있다.

태산이 높다하되

태산(泰山)이 높다하되 하늘 아래 뫼히로다
오르고 또 오르면 못 오를 리(理) 없것만은
사람이 제 아니 오르고 뫼를 높다 하더라

현대어 풀이

태산이 아무리 높다 하여도 하늘 아래에 있는 산이로다
오르고 또 오르면 못 오를 리 없건마는
사람들은 올라보지도 않고 산만 높다 하더라

해설

우리에게 널리 알려진 시조다. 실행에 옮겨 보지도 않고 못하겠다는 말을 하지 말고 실천해보라는 의지가 담겨 있다. 만약 야구 선수가 삼진 아웃 당할 것을 두려워하여 타석에 나가지 않는다면 어떻게 될까. 산만 높다고 하지 말고 오르고 또 오르면 오를 수 있으므로 용기를 갖고 모든 일에 힘 써야 한다고 조언하고 있다.

어구풀이

태산(泰山) : 중국 산둥성에 있는 높은 산

뫼히로다 : 산이로다

작가소개

양사언(楊士彦, 1517~1584) : 조선 중기의 문신, 서예가. 자는 응빙, 호는 봉래. 문장과 서예가 뛰어났다. 함흥, 강릉 등 여러 고을의 수령을 지냈다. 생활이 청렴하여 벼슬에 있을 때에도 부정이 전혀 없었다. 금강산 만폭동 바위에 '봉래풍악원화동천(蓬萊楓岳元化洞天)'이라는 글씨를 새겼는데 지금도 남아 있다. 안평대군, 김구, 한호와 함께 조선의 4대 서예가다.

한 잔 먹세 그려(장진주사)

한 잔(盞) 먹세 그려 또 한 잔(盞) 먹세 그려

꽃 꺾어 산(算)노코 무진무진(無盡無盡) 먹세 그려 이 몸 죽은 후(後)면 지게 위에 거적 덮어 주리혀 매여가나 유소보장(流蘇寶帳)의 만인(萬人)이 우러네나 어욱새 속새 덥가나무 백양(白楊) 숲에 가기곳 가면 누른 해 흰 달 가는 비 굵은 눈 쇼쇼리 바람 불 제 뉘 한 잔(盞) 먹자할고

하물며 무덤 위에 잔나비 파람 불 제 뉘우친들 엇더리

현대어 풀이

한 잔 먹세 그려 또 한 잔 먹세 그려

꽃을 꺾어 계산해 가며 무진무진 먹세 그려. 이 몸이 죽은 뒤엔 지게 위에 거적을 덮어 새끼줄에 졸라매어 무덤에 파묻히려 메고 가거나, 화려하고 아름답게 꾸며진 상여를 많은 사람이 울면서 따라가거나, 억새, 속새, 떡갈나무, 백양 숲에 가기만 가면 누런 해, 흰 달, 가는 비, 굵은 눈 쓸쓸히 바람 불 제 누가 한 잔 먹자고 하겠는가

하물며 무덤 위에서 원숭이가 휘파람 불며 놀 적에 그제서야 뉘우친들 무슨 소용이 있겠는가

해설

우리가 죽으면 거적에 덮여 새끼줄에 꽁꽁 묶여 무덤에 갈 것이 아닌가. 그러하니 술 한 잔 마시며 인생의 허무함도 생각하고 인생무상도 생각해 보자. 술 한 잔에 낭만도 느껴보고 감상에 젖어보기도 하자. 무덤에 묻혔을 때는 이미 늦은 것이 아니겠는가. 이처럼 이 작품은 인생의 덧없음을 노래하고 있다.

이 시조는 국문학사에서 기록으로 남을 만한 최초의 사설시조다. 하지만 정확하게 엇시조라고 말함이 옳다. 아무튼 틀에 박힌 평시조가 아닌 사설시조의 시초가 양반이라는 것이 놀랍다. 양반들은 주로 평시조를 즐겼고, 사설시조는 일반 평민들이 즐겨 불렀기 때문이다. 정철은 조선시대의 양반이며 대학자였지만, 그의 파격을 짐작하게 한다. 더구나 기녀 진옥과 시를 주고받은 작품만 보더라도, 평시조에서 찾아볼 수 없는, 사설시조에서나 볼 수 있는 노골적이고 육담적이며, 성(性)적인 솔직한 표현을 주고받았다. 정철을 다시 보게 하는 대목이다.

어구풀이

산(算)노코 : 셈하고

주리혀 : 졸라

매여가나 : 메어가나, 메고 가나

유소보장(流蘇寶帳) : 술이 달려 있는 비단 장막, 주로 상여 위
에 친다

우러네나 : 울면서 따라가나   어욱새 : 억새

속새 : 풀 이름   덥가나무 : 떡갈나무

가기곳 : 가기만   쇼쇼리 : 쓸쓸히

잔나비 : 원숭이   파람 : 휘파람

작가소개

정철(鄭澈, 1536~1593) : 자는 계함, 호는 송강. 서인의 거두.
가사문학의 대가다. 윤선도의 시조와 더불어 조선 시가의 쌍
벽을 이룬다. 스승인 송순의 영향으로 성격이 호탕하였고 풍
류를 즐길 줄 알았다. 또한 그는 송순의 친구인 임억령의 제자
기도 하며, 그 인연으로 임억령의 집을 드나들다가 그의 딸과
결혼하였다. 여기에 소개한 작품 '장진주사'로 보아 술을 좋아
하고 풍류를 즐겼던 것으로 짐작된다. 그의 나이 45세 때, 강
원도 관찰사로 재임할 당시 딱딱한 삼강오륜보다 백성을 계
몽하기 위해 16수로 된 「훈민가」를 지어 백성이 스스로 느끼
고 따르게 하였다. 『관동별곡』『성산별곡』『사미인곡』『속미
인곡』『송강가사』 등 수많은 가사문학과 70여 수의 시조를 남
겼다.

산촌에 눈이 오니(한정가)

산촌(山村)에 눈이 오니 돌길이 무쳐셰라
시비(柴扉)를 여지마라 날 찾을 이 뉘 이시리
밤중만 일편명월(一片明月)이 긔 벗인가 하노라

현대어 풀이

이 깊은 산골 마을에 눈이 오니 돌길이 묻혔구나(길이 막혔구
나)
사립문을 열지 마라, 눈이 쌓여 길이 막힌 이 산골에 날 찾아
올 사람이 누가 있겠는가
밤중에 떠오른 밝은 달만이 내 벗인가 하노라

해설

얼핏 보면 산촌의 정경에서 느끼는 작자의 심정을 노래한
것처럼 보인다. 하지만 이 시조는 작자인 신흠이 영창대군과
김제남 일에 연루되어 고향인 김포에 내려갔다가 강원도 춘
천으로 유배를 떠났을 때 그곳에 머물며 지은 작품이다.

신흠은 "강원도 산골 마을에, 그것도 눈이 수북이 쌓여 길
도 잘 안 보이는 산골에 찾아올 사람이 누가 있겠는가. 오직

내 친구는 밤하늘에 떠 있는 달 뿐이로구나."라며 노래하고
있다.

실제 눈 쌓인 산골 마을에 찾아올 사람이 있을 리 없다는
뜻도 되지만, 벼슬에서 쫓겨난 별 볼일 없는 자신을 찾아올 사
람은 없다는 뜻도 담겨 있다. 작자의 쓸쓸한 마음이 보이는 작
품이다.

어구풀이

무쳐셰라 : 묻혔어라, 묻혔구나

시비(柴扉) : 사립문   이시리 : 있으리 있겠는가

일편명월(一片明月) : 한 조각 밝은 달

긔 : 그것이

작가소개

신흠(申欽, 1566 ~ 1628) : 조선 중기의 문신. 자는 경숙, 호는
상촌. 문장력이 뛰어났다. 좌의정과 영의정에까지 올랐다. 영
창대군 사건에 연루되어 춘천으로 유배를 떠나기도 했다. 주
요 저서로는 『상촌집』 『야언』 등이 있으며, 그 외 많은 저서를
남겼다. 시조도 31수가 전해진다.

가노라 삼각산아

가노라 삼각산(三角山)아 다시 보자 종남산(終南山)아
고국산천(故國山川)을 떠나고자 하랴마는
시절(時節)이 하 분분(紛紛)하니 볼동말동 하여라

현대어 풀이

가노라 삼각산아 다시 보자 남산아
어쩔 수 없이 이 몸은 고국산천을 떠나지만
시절이 매우 어지럽고 뒤숭숭하니 너를 다시 볼 수 있을지 모르겠구나

해설

　삼각산과 남산은 조선의 서울 한양을 뜻한다. 병자호란 이후 예조판서 김상헌이 청나라에 끌려가면서 지은 시조다. 청나라에 항전했지만 전쟁에 패해 끌려가면서 시절이 어수선하니 다시 고국산천에 돌아올 수 있을지 모르겠다고 노래하고 있다. 적국에 붙잡혀 가는 작자의 심정이 오죽했으랴.

어구풀이

삼각산(三角山) : 북한산

종남산(終南山) : 남산

하 : 매우   분분(紛紛)하니 : 어지러우니, 뒤숭숭하니

작가소개

김상헌(金尙憲, 1570~1652) : 자는 숙도, 호는 청음. 청나라를 배척하고 명나라를 섬겨야 한다고 주장하여 실리 외교를 펼쳤던 광해군 때 별다른 벼슬을 얻지 못했다. 인조 14년(1636) 병자호란 때 예조판서로서 인조를 남한산성으로 호송했다. 청나라에 항거했지만 패전하여 4년 간 붙잡혀 있었다. 저서에 『야인담록』 등 여러 권이 있으며, 후세 사람들에 의해 『청음집』이 발간되었다.

동풍이 건 듯 부니(어부사시사)

동풍(東風)이 건듯 부니 물결이 고이 인다
    돛 달아라 돛 달아라
동호(東湖)를 돌아보며 서호(西湖)로 가쟈스라
    지국총(至匊悤) 지국총(至匊悤) 어사와(於思臥)
앞 뫼히 지나가고 뒷 뫼히 나아온다

현대어 풀이

봄바람이 동쪽에서 슬쩍 부니 물결이 고요히 일어난다
돛 달아라 돛 달아라
동쪽 호수를 돌아보며 서쪽 호수로 가자꾸나
찌그덩 찌그덩 어영차
앞산이 지나가고 뒷산이 나아온다

해설

    어부사시사는 윤선도가 전라도 보길도에서 은둔할 때 지은 것으로 춘하추동 각각 10수씩 총 40수로 된 연시조인데 여기에 소개한 작품은 봄을 노래한 것 중 셋째 수다. 속세를 떠나 호수에서 봄바람을 맞으며 배를 젓고 노니는 작자의 유유자

적한 모습을 엿볼 수 있다.

어구풀이

가쟈스라 : 가자꾸나

지국총(至匊悤) : 배에서 노 젓는 소리, 찌그덩

어사와(於思臥) : 어영차, 배를 저을 때 내는 소리

작가소개

윤선도(尹善道, 1587~1671) : 조선 중기의 문신이며 시인. 자는 약이, 호는 고산. 시조에 뛰어났으며 정철의 가사문학과 더불어 조선 시가의 쌍벽을 이룬다. 훗날 효종으로 등극하는 봉림대군의 스승이다. 조상으로부터 물려받은 막대한 재산과 권세로 전라도 보길도에서 마음껏 풍류를 즐기고 시를 지으며 살았다. 어찌 보면 신선놀음을 했다 할 수 있다. 시조 75수가 전하며, 저서에 『고산유고』가 있다.

님이 혀오시매

님이 혀오시매 나는 전혀 믿었더니
날 사랑하든 정(情)을 뉘 손에 옮기신고
처음에 뮈시든 것이면 이대도록 셜울까

현대어 풀이

임이 나를 생각해 주시므로 나는 임을 믿었는데
나를 사랑하던 정이 누구에게로 옮겨가셨는고
처음부터 미워했더라면 이렇게 서러울까

해설

　'임'이라고 하면 대부분 사랑하는 '임'을 말한다. 그렇다면
시조에서의 '임'은 과연 사랑하는 '임'을 말하는 것일까. 작자
미상이라면 100% 사랑하는 임을 위해 쓴 작품일 것이다. 하
지만 작자가 있다면, 더구나 그것이 평시조라면 '임'은 '임금'
을 상징하는 것이며, 벼슬을 지낸 양반이 쓴 것이라면 임금을
향한 연모의 정을 노래한 것이다. 이 시조는 임금에게 사랑,
즉 믿음을 받다가 버림받은 것에 대한 서운함을 노래하고 있
다. 그런데 임금에 대한 서운함을 말하고 있다고 해서 임금이

미워졌다는 뜻이 아니다. 오히려 임금에 대한 충성심은 더욱 크다는 것을 말하고 있다.

어구풀이

혀오시매 : 생각하시매

뮈시든 : 미워하시던

셜울까 : 서러울까

작가소개

송시열(宋時烈, 1607~1689) : 조선 후기의 문신, 학자. 자는 영보, 호는 우암. 서인 노론의 영수다. 이이의 학통을 이어받았으며 주자학의 대가다. 많은 후학을 양성했으며, 『우암집』 『송자대전(宋子大全)』 등 많은 저서를 남겼다.

동창이 밝았느냐

동창(東牕)이 밝았느냐 노고지리 우지진다
소 칠 아희는 여태 아니 일었느냐
재 넘어 사래 긴 밭을 언제 갈려 하느니

현대어 풀이

동쪽 하늘이 밝았느냐 종달새가 우지진다
소 칠 아이는 아직 일어나지 않았느냐
재 너머에 있는 이랑이 긴 저 밭을(넓은 저 밭을) 언제 갈려고
하느냐

해설

　조선시대 농촌의 생활상을 아주 경쾌하고 사실적으로 노래
하고 있다. 동쪽에 해는 이미 떴는데 밭일을 해야 할 아이는
늦잠을 자느라 아직 일어나지 않고 있다. 일 할 아이가 일어
나지 않자 걱정하는 주인의 마음이 담겨 있지만, 오히려 "저
넓은 밭을 언제 갈려고 아직까지 일어나지 않고 늦잠을 자느
냐."라며 더 밝게 노래하고 있다. 농업국가인 조선시대라는
시대상황을 생각해보면 작품은 더욱 사실적으로 다가온다.

어구풀이

동창(東牕) : 동쪽으로 난 창

아희는 : 아이는

사래 : 이랑

작가소개

　남구만(南九萬, 1629~1711) : 조선 후기의 문신. 자는 운로, 호는 약천. 문장과 글씨, 그림에 뛰어났다. 서인 소론의 영수다. 함경도 관찰사, 형조판서, 좌의정, 우의정, 영의정 등의 벼슬을 지냈다. 저서로는 『약천집』이 있다.

흰 구름 푸른 내는

흰 구름 푸른 내는 골골이 잠겼는데
추상(秋霜)에 물든 단풍 꽃도곤 더 좋아라
천공(天公)이 나를 위하여 뫼빛을 꾸며내도다

현대어 풀이

산골짜기마다 흰 구름이 피어오르고 푸른 물이 흐르는 내는
골짜기마다 흐르는데
가을의 찬 서리에 붉게 물든 단풍은 꽃보다 더 곱구나
하느님이 나를 위하여 이렇게 울긋불긋 아름답게 산의 빛깔
을 꾸몄도다

해설

  작자인 김천택은 자연의 풍경을 많이 노래한 시인이며 가객
이다. 이 시조 역시 가을철의 아름다운 경치를 노래하고 있다.

어구풀이

푸른 내 : 푸른 물이 흐르는 내   골골이 : 골짜기마다
추상(秋霜) : 가을의 찬 서리 꽃도곤 : 꽃보다

천공(天公) : 하느님, 종교적인 숭배의 대상

뫼빛 : 산의 빛깔

작가소개

김천택(金天澤, ?~?) : 숙종과 영조 때 활약했던 가객으로, 출생 시기는 『해동가요』를 편찬한 김수장보다 몇 살 많은 것으로 보아 1680년대 말로 추정된다. 자는 백함 또는 이숙, 호는 남파. 영조 4년(1728)에 조선 3대 가집 중 하나인 『청구영언』을 편찬하여 후대 국문학사에 큰 업적을 남겼다. 『청구영언』은 편찬 연대가 가장 오래된 가집이다. 김수장과 쌍벽을 이루었으며 그와 함께 '경정산가단'을 조직하였다. 평민 출신으로 보이며 젊은 시절 잠깐 포교를 했다는 설이 있다. 그 이후로는 가객으로서 평생을 보냈다. 대략 80여 수의 시조가 전해지는데, 김수장과는 달리 사설시조는 없고 모두 평시조다. 『청구영언』은 김수장의 『해동가요』와 박효관·안민영의 『가곡원류』와 더불어 조선 3대 가집(시조집)의 하나다.

한식 비 갠 후에

한식(寒食) 비 갠 후(後)에 국화(菊花)움이 반가왜라
꽃도 보려니와 일일신(日日新) 더 죠홰라
풍상(風霜)이 섯것칠 째 군자절(君子節)을 뛰온다

현대어 풀이

한식 비 갠 후에 국화의 새싹 트는 것을 보니 반갑구나
이제 곧 국화꽃도 보려니와 매일매일 새롭게 저렇게 움이 트
니 더욱 좋구나
바람과 서리가 섞어서 칠 때 국화가 군자의 절개를 피운다

해설

　작자는 바람과 찬 서리를 견디면서도 매일 새롭게 피는 국
화를 보며 군자의 절개를 피운다고 하고 있다. 매화(梅), 난초
(蘭), 국화(菊), 대나무(竹)를 가리켜 사군자라고 하는데, 이들
은 '굳은 절개' 즉, 군자가 지켜야 할 고결함과 절개를 뜻한다.
이처럼 군자절의 상징인 국화가 피는 것에 작자는 기뻐하며
감동받고 있다.

어구풀이

한식(寒食) : 동지(冬至)로부터 105일째 되는 날로 조상의 산소를 찾아 제사를 지내고 벌초하는 날

움 : 풀이나 나무에 새로 돋아나는 싹

일일신(日日新) : 날로 더욱 새로워짐

죠홰라 : 좋아라　　　풍상(風霜) : 바람과 찬 서리

섯것칠 : 섞여 칠 때

군자절(君子節) : 군자의 절개　　　퓌온다 : 피운다

작가소개

　　김수장(金壽長, 1690~?) : 자는 자평, 호는 노가재. 숙종 때 기성의 서리를 지냈다. 김천택과 두세 살 내지는 서너 살 적은 것으로 알려졌다. 숙종과 영조 때 활약했으며, 같은 시기에 김천택과 쌍벽을 이룬 가객이다. 조선시대 3대 가집 중 하나인 『해동가요』를 편찬했다. 김수장은 영조 31년(1775)에 1차로 『해동가요』를 편찬한 이후 영조 45년(1769)까지 14년간 계속 보완했는데, 시기상으로는 80세가 넘는 나이에 편찬한 것이다. 그만큼 완벽을 기하기 위해 애썼던 것이리라. 영조 36년(1775)부터 서울에서 노가재를 짓고 김천택과 함께 '노가재가단' 즉, '경성산가단'을 이끌었다.

님 글인 상사몽이

님 그린 상사몽(相思夢)이 실솔(蟋蟀)의 넋이 되어
추야장(秋夜長) 깊은 밤에 님의 방(房)에 들었다가
날 잊고 깊이 든 잠을 깨워볼까 하노라

현대어 풀이

임을 그리다 꾸는 사랑의 꿈이 귀뚜라미의 넋이 되어
긴 가을밤 깊은 밤에 임의 방에 들어가서
나를 잊고 깊이 든 잠을 깨워볼까 하노라

해설

적막한 가을밤에 작자는 상사몽을 꾸고 있다. 그 상사몽은
귀뚜라미의 넋이 되어 사랑하는 임의 곁을 찾아가는 것이다.
그래서 행여나 자기를 잊고 깊은 잠만 자는 임을 깨워 사랑을
나누겠다고 하고 있다. 작자는 상사병에 걸린 것이다.

조선시대에 남녀가 어찌 지금처럼 드러내놓고 사랑을 할
수 있으랴. 사랑하는 사람이 있다 해도 사랑한다고 말할 수 없
던 시대가 조선시대다. 아니, 30여 년 전인 1980년대 이전만
해도 좋아하는 사람이 있어도 말 못하고 혼자 끙끙 앓던 시대

였다. 그러하건대 조선시대에야 오죽했으랴. 상사병에 걸리는
것이 당연하리라.

어구풀이

실솔(蟋蟀) : 귀뚜라미

추야장(秋夜長) : 긴 가을밤

작가소개

박효관(朴孝寬, ?~?) : 조선 말기 고종 때의 가객, 풍류객.
가곡(歌曲)을 계승한 명인. 자는 경화. 호는 운애. 고종 13년
(1876), 제자 안민영과 함께 3대 가집의 하나인『가곡원류』를
편찬하여 후대 국문학사에 큰 업적을 남겼다.『가곡원류』에
자작 시조 15수가 전한다. 그를 중심으로 풍류객들이 승평계
를 모아 굉장한 성사를 이루었다. 당대 최고 권력자인 흥선대
원군과 교유할 정도로 유명했으며, '운애'라는 호 또한 흥선대
원군이 내려준 것이다. 시조문학과 창(唱), 음악이론 등 전반
적으로 시조의 발전에 크게 공헌했다.

어리고 성긴 가지(영매가 또는 매화사팔절)

어리고 성긴 가지(柯枝) 너를 믿지 않았더니
눈 기약(期約) 능(能)히 지켜 두세 송이 피었구나
촉(燭) 잡고 가까이 사랑할 제 암향(暗香)조차 부동(浮動)터라

현대어 풀이

여리고 듬성듬성 난 가지라서 꽃을 피우리라고 믿지 않았는데
눈 올 때 피겠다고 기약한 것을 능히 지켜 두세 송이 피었구나
촛불을 잡고 가까이서 너를 보니(감상하니) 그윽한 향기가 떠
도는구나

해설

　작자인 안민영이 스승인 박효관의 방에 들렀는데, 추운 겨
울을 이겨내고 봄을 화사하게 해 주는 매화가 피어 있다. 가지
가 듬성듬성 있어서 설마 꽃이 피겠나 하였으나 두세 송이가
피어 있다. 날이 어두워 촛불을 들고 가까이 다가가 매화에 흠
뻑 빠져 감상하고 있으니, 매화의 그윽한 향기가 돌고 있었다.
그 향기에 도취된 작자의 모습이 눈에 선하게 다가온다.

　이 시조는 안민영이 박효관의 집에 들렀을 때, 박효관이 키

운 매화를 보고 지은 시조다. 이 시조는 총 8수로 되어 있으며,
여기에 소개한 작품은 그중 둘째 수다.

어구풀이

어리고 : 여리고, 연약하고

성긴 : 물건의 사이가 촘촘하지 않고 엉성한, 듬성듬성한

촉(燭) : 초

암향(暗香) : 그윽이 풍기는 향기

부동(浮動)터라 : 떠돌더라

작가소개

안민영(安玟英, ?~?) : 자는 성무, 호는 주옹. 서얼 출신이다.
조선 말기 고종 때의 가객. 풍류객. 고종 13년(1876)에 박효관
과 함께 『가곡원류』를 편찬하였다. 또한 스승과 함께 승평계
를 조직하여 큰 성사를 이루었다. 자연의 경치를 즉흥적으로
노래한 시를 잘 지었다. 『가곡원류』에는 '영매가' 외에 26수가
실려 있다. 저서로 『금옥총부』 『주옹만필』 등이 있다.

나비야 청산 가자

나비야 청산(靑山) 가자 범나비 너도 가자
가다가 저물거든 꽃에 들어 자고 가자
꽃에서 푸대접(對接)하거든 잎에서나 자고 가자

현대어 풀이

나비야 청산에 가자 호랑나비야 너도 가자
가다가 날이 저물거든 꽃에 들어가 자고 가자
꽃이 푸대접하거든 잎에서라도 자고 가자

해설

　작자는 세속에서 벗어나고 싶었던가 보다. 그래서 나비가
되어 청산에 가려고 한다. 세상의 모든 고민, 찌든 생활, 세상
에 대한 욕심, 괴로움, 원망, 질시, 질투, 모든 욕망을 버리고
세속을 떠나고 싶어 한다. '청산'은 그저 그런 푸른 산이 아니
라 세속을 벗어나 쉴 수 있는 그런 곳이리라.

작자 미상

귀뚜리 저 귀뚜리

귀뚜리 저 귀뚜리 에엿부다 저 귀뚜리

어인 귀뚜리 지는 달 새는 밤의 긴 소리 짧은 소리 절절(節節)이 슬픈 소리 제 혼자 울어 예어 사창(紗窓) 여윈 잠을 살뜰히도 깨우는고야

두어라 제 비록 미물(微物)이나 무인동방(無人洞房)에 내 뜻 알 이는 저 뿐인가 하노라

현대어 풀이

귀뚜라미 저 귀뚜라미 가엾구나 저 귀뚜라미

어인 귀뚜라미기에 지는 달 새는 밤에 긴 소리 짧은 소리 절절히 슬픈 소리로 저 혼자 울어서 비단으로 된 창 아래에서 설핏 든 잠을 살뜰히도 깨우는구나

두어라 제 비록 하찮은 동물일망정 임이 없는 방에서 홀로 밤을 새우는 내 맘을 알아 줄 이는 너뿐인가 하노라

해설

'사창'은 여자가 거처하는 방을 말한다. 이것으로 보아 작자는 여자인 듯하다. 가을밤 귀뚜라미의 울음소리는 절절히

슬프게 들려온다. 그 소리는 홀로 밤을 새우던 작자에게 임에 대한 그리움을 더욱 사무치게 한다. 종장에서 작가는 자신의 외로움을 알아주는 이는 귀뚜라미뿐이라고 말하고 있다. 여성의 섬세한 표현을 느낄 수 있는 시조다.

어구풀이

에엿부다 : 가엾구나, 가련하구나

어인 : 어찌 된   울어 예어 : 울어서

사창(紗窓) : 얇고 성기게 짠 비단으로 바른 창문으로, 여자가 거처하는 방의 창문을 비유적으로 이르는 말

여윈 잠 : 설핏 든 잠, 얼핏 든 잠

무인동방(無人洞房) : 임이 없는 여인의 방

작자 미상

들입다 바드득 안으니

　들입다 바드득 안으니 세허리지 자늑자늑

　홍상(紅裳)을 걷어치우니 설부지풍비(雪膚之豊肥)하고 거
각준좌(擧脚蹲坐)하니 반개(半開)한 홍목단(紅牧丹)이 발욱어
춘풍(發郁於春風)이로다

　진진(進進)코 우퇴퇴(又退退)하니 무림산중(茂林山中)에 수
용성(水舂聲)인가 하노라

현대어 풀이

뼈가 부서질 정도로 아주 세차게 안으니 가는 허리가 너무나
도 부드럽구나

붉은 치마를 걷어 올리니 눈처럼 희고 포동포동한 살결이 풍
만하고, 그 위에 걸터앉으니 성욕을 느껴 반쯤 벌어진 여자의
성기가 성교를 간절히 원하도다

남자가 성기를 여자의 성기에 넣었다 뺐다 하며 성교(性交)를
하니, 음모가 수풀처럼 무성한 여인의 음부에서 유액이 흘러
나오는 소리가 나더라

해설

사설시조라서인지 남녀 간의 정사를 노골적이고 대담하게 표현하고 있다. 폐쇄된 조선시대에 현대의 어떤 연애 소설보다 더 외설적이다. 조선시대의 유교 윤리로 보아 겉으로 표현할 수 없는 내용들이 묘사되고 있다. 참으로 놀라운 일이다. 그러하기에 대부분의 이런 시조는 무명씨이며, 양반이 아닌 평민이 썼다. 물론 양반이 쓴 시조도 있을 수 있으나, 이처럼 노골적이고 외설적인 작품에 이름을 밝힐 양반은 없을 것이다. 이러한 내용의 시조들은 사설시조에서만 볼 수 있는 독특한 특징이다.

"수집한 445수의 사설시조의 내용만 보아도 남녀 간의 애정, 육담을 노래한 것이 74수로 가장 많고, 사랑의 애틋한 정을 노래한 것이 69수로 평시조에서 볼 수 없는 많은 시조가 노골적으로 남녀 간의 성행위의 묘사, 육담 등을 표현하고 있음은 사설시조의 성격의 일단을 말해 주는 것이라 하겠다."

- 박을수, 『한국시조문학전사』, 109쪽

양반이 즐겨 부르던 평시조는 표현 방법이 정적이고, 내용이 감탄, 도덕, 임금에 대한 충절, 교훈적인 데 반해, 사설시조는 동적이고 노골적이며 해학적이고 사실적이다.

    그런데 양반이 쓴 평시조임에도 불구하고 노골적이고 육담적으로 쓰인 시조가 있다. 바로 정철의 작품이다. 정철은 기녀 진옥(眞玉)과 사랑을 나누며 시를 주고받았는데, 이런 평시조를 쓴 양반은 정철이 유일하다.

어구풀이

세허리지 : 가는 허리, '세(細)'는 가늘다는 뜻이며 '지'는 단순 접미사

홍상(紅裳) : 붉은 치마, 내용을 한층 더 고조시키기 위한 의도적인 표현

설부지풍비(雪膚之豊肥) : 눈처럼 희고 깨끗한 포동포동하고 풍만한 살결

거각준좌(擧脚蹲坐) : 다리를 들고 걸터앉음

반개(半開)한 홍목단(紅牧丹) : 성욕을 느껴 반쯤 벌어진 여자의 성기

發郁於春風(발욱어춘풍) : 봄바람이 향내를 발하며 자욱하게 나타나다. 곧, 성욕을 느낀다는 뜻으로 '춘풍'은 대부분 '색(色)'을 말함

진진(進進)코 우퇴퇴(又退退)하니 : 남자와 여자의 성기가 서로 교합하여 성교를 맺으니라는 뜻으로 성교 모습을 사실적

으로 묘사

무림산중(茂林山中) : 숲이 우거진 산속, 여자의 음부를 상징한 말

수용성(水舂聲) : 물 절구질하는 소리, 성교 시 흘러나오는 여자의 유액 소리

옥이 옥이라커늘 - 정철

옥(玉)이 옥(玉)이라커늘 번옥(燔玉)만 너겨떠니
이제야 보아하니 진옥(眞玉)일시 적실하다
내게 살송곳 잇던니 뚜러 볼가 하노라

현대어 풀이

옥이 옥이라 하기에 가짜 옥으로만 여겼더니
이제 보니 진옥이 분명하구나
내게 살송곳(남자의 성기) 있으니 뚫어 볼까 하노라

해설

임제가 한우를 품기 위해 한우의 마음을 떠보았듯이, 정철
역시 기녀 진옥을 품기 위해 이렇게 시 한 수를 노래했다.

정철이 품고자 했던 '진옥'은 '참 진'자에 '구슬 옥' 즉, '진
짜 옥'이란 뜻이다. 여기서 주목해야 할 점은, 정철이 진옥을
중의적으로 표현했다는 것이다. 다시 말해서 진옥은 '진짜 옥'
이라는 뜻도 되지만, 기녀 '진옥'을 가리키기도 한다.

초장을 보자. '번옥'은 '돌가루를 구워 만든 옥' 다시 말해
서 '가짜 옥'이란 뜻이다. 중장을 보면, "가짜 옥인 줄 알았더

니, 이제 보니 진짜 옥이구나"라고 노래했다. 여기서 중의적 표현을 쓴 것이다. 잡것이 석이지 않은 '진짜 옥'도 되고, 기녀 '진옥'을 가리키기도 한다. 즉, 초장에서 가짜 옥인 '번옥'이라고 했다가, 중장에서 다시 진짜 옥인 '진옥(眞玉)'이라고 하고 있다. 겉으로는 "진짜 옥이냐, 가짜 옥이냐"라고 말하고 있지만, 여기에서의 속뜻은, '한갓 기녀'로만 여겼는데, 다시 보니 기품이 있고 학문과 재주가 뛰어난 규수구나'라고 말하고 있다. 이번엔 종장을 보자. '살송곳'은 '남자의 성기'를 은유한다. 다시 말해서, "남자의 성기로 여자의 성기에 넣어볼까 하노라."라고 말하고 있다. 참으로 대단하다. 우리나라 사대부 양반들이 쓴 시조에 이처럼 음담패설을 노골적으로 표현한 시조는 단 한 편도 없다. 더구나 양반이 자신의 이름을 걸고 이처럼 노골적인 표현을 쓴 시조는 사설시조에는 있으나 평시조에는 단 한 편도 없다. 이처럼 노골적이고, 직설적이고, 육담적인 표현을 쓴, 자신의 이름을 걸고 작품을 쓴 사람은 정철 오직 한 사람뿐이다.

어구풀이

번옥(燔玉) : 잡것이 섞인 가짜 옥　　진옥(眞玉) : 진짜 옥, 기녀 '진옥'을 표현　　적실하다 : 분명하구나
살송곳 : 남자의 성기를 표현　　잇던니 : 있으니

천한코 설심한 날에 – 작자 미상

　천한(天寒)코 설심(雪深)한 날에 님 찾으러 태산(泰山)으로
갈 제
　신 벗어 손에 쥐고 버선 벗어 품에 품고 곰븨님븨 님븨곰븨
천방지방 지방천방 한 번도 쉬지 말고 허위허위 올라가니
　버선 벗은 발은 아니 시리되 여민 가슴이 산득산득 하여라

현대어 풀이

날씨가 춥고 눈이 많이 쌓인 날에 임 찾으러 높고 큰 산으로
갈 때
신을 벗어 손에 쥐고, 버선을 벗어 품에 품고, 자꾸자꾸 연거
푸 앞뒤 계속하여 천방지축 한 번도 쉬지 않고 허우적허우적
올라가니
버선 벗은 발은 아니 시리되 옷깃을 여민 가슴이 산득산득하
여라

해설

　'곰븨님븨' '천방지방' '허위허위' 등의 표현은 작자의 다급
한 심정을 말해 주고 있다. 특히 '곰븨님븨 님븨곰븨' '천방지

방 지방천방'이라고 반복하여 표현함으로써, 임에게 향하는 발걸음(마음)이 한층 더 숨 가쁘게 고조되고 있다. 또한 종장에서는 작자의 허전하고 쓸쓸한 마음을 읽을 수 있다. 눈이 깊이 쌓인 쌀쌀한 날씨에 산을 올라가 보았으나 임은 없었기에 작자의 쓸쓸한 마음은 마침 쌀쌀한 날씨로 하여금 더욱 산득산득하게 느껴진 것이다.

어구풀이

천한(天寒))코 : 날씨가 춥고

설심(雪深) : 눈이 많이 쌓임

태산(泰山) : 높고 큰 산

곰뷔님뷔 : 자꾸자꾸 연거푸 앞뒤 계속하여

천방지방 : 천방지축

허위허위 : 허우적허우적

산득산득 : 몸에 갑자기 찬 느낌을 받거나, 마음이 갑자기 놀라는 느낌을 받는 모양

참고문헌

단행본

권채린,『가람 시조집』, 지식을만드는지식, 2012.

김기동(외) 4명,『완해 시조문학』, 서음출판사, 1983.

박을수,『한국시조문학전사』, 성문각, 1978.

박을수,『한국고시조사』, 서문문고, 1979.

심재완,『정본 시조대전』, 일조각, 1984.

유창돈,『이조어사전』, 연세대학교 출판부, 1985.

이기문,『역대시조선』, 삼성미술문화재단 출판부, 1980.

이어령·정병욱,『고전의 바다』, 현암사, 1978.

이을호,『조운문학전집』, 도서출판 남풍, 1990.

이태극,『현대시조작법』, 정음사, 1981.

장덕순,『한국 고전문학의 이해』, 일지사, 1982.

정병욱,『시조문학사전』, 신구문화사, 1982.

정병욱,『한국고전시가론』, 신구문화사, 1979.

정주동·유창균, (교주)『진본 청구영언』, 도서출판 대성, 1987.

정훈,『이은상 시선』, 지식을만드는지식, 2012.

최장수,『고시조해설』, 세운문화사, 1977.

한춘섭,『고시조해설』, 홍신문화사, 1982.

잡지

박을수,『현대시조』, 1982 봄호~1982 여름호, 현대시조사, 1982.

박을수,『현대시조』, 변경 제2호 가을호~변경 제12호 봄호, 현대시조사,
    1983~1986.

시조의 이해

펴낸날	초판 1쇄 2014년 11월 28일

지은이	임형선
펴낸이	심만수
펴낸곳	(주)살림출판사
출판등록	1989년 11월 1일 제9-210호

주소	경기도 파주시 광인사길 30
전화	031-955-1350 팩스 031-624-1356
기획·편집	031-955-4671
홈페이지	http://www.sallimbooks.com
이메일	book@sallimbooks.com

ISBN	978-89-522-3004-1 04080

※ 값은 뒤표지에 있습니다.
※ 잘못 만들어진 책은 구입하신 서점에서 바꾸어 드립니다.

이 도서의 국립중앙도서관 출판시도서목록(CIP)은 서지정보유통지원시스템 홈페이지
(http://seoji.nl.go.kr)와 국가자료공동목록시스템(http://www.nl.go.kr/kolisnet)에서
이용하실 수 있습니다.(CIP제어번호: CIP2014033472)

책임편집	박종훈

376 좋은 문장 나쁜 문장

송준호(우석대 문예창작학과 교수)

어떻게 좋은 문장을 쓸 수 있을 것인가? 우선 좋은 문장이 무엇이고 그렇지 못한 문장은 무엇인지 알아야 할 것이다. 대학에서 글쓰기 강의를 오랫동안 해 온 저자가 수업을 통해 얻은 풍부한 사례를 바탕으로 문장교육을 제대로 받지 못한 독자들에게 좋은 문장으로 가는 길을 제시하고 있다.

051 알베르 카뮈

유기환(한국외대 불어과 교수)

알제리에서 태어난 프랑스인, 파리의 이방인 알베르 카뮈에 대한 충실한 입문서. 프랑스 지성계에 혜성처럼 등장한 카뮈의 목소리는 늘 찬사와 소외를 동시에 불러왔다. 그 찬사와 소외의 이유, 그리고 카뮈의 문학, 사상, 인생의 이해와, 아울러 실존주의, 마르크스주의 등 20세기를 장식한 거대담론의 이해를 돕는 책.

052 프란츠 카프카

편영수(전주대 독문과 교수)

난해한 글쓰기와 상상력으로 문학사에 커다란 발자취를 남긴 카프카에 관한 평전. 잠언에서 중편 소설 「변신」 그리고 장편 소설 『실종자』와 『소송』 그리고 『성』에 이르기까지 카프카의 거의 모든 작품에 대한 해석을 담고 있다. 또한 이 책은 카프카의 잠언과 노자의 핵심어인 도(道)의 연관성을 추적하는 등 새로운 관점도 보여 준다.

271 김수영, 혹은 시적 양심

이은정(한신대 교양학부 교수)

힘과 새로움으로 가득 차 있는 김수영의 시 세계. 그 힘과 새로움의 근원을 알아보고 지금까지와는 다른 새로운 독법으로 그의 시 세계를 살펴본다. 그와 그의 시에 대해 깊은 애정을 가진 저자는 김수영의 이해를 위한 충실한 안내자 역할을 자처한다. 김수영의 시 세계를 향해 한 발 더 들어가 보고자 하는 독자들에게 유익한 책이다.

369 도스토예프스키　　eBook

박영은(한양대학교 HK 연구교수)

『카라마조프가의 형제들』과 『죄와 벌』로 유명한 러시아의 대문호
도스토예프스키. 그의 작품에 등장하는 생생한 인물들은 모두 그
의 힘겨웠던 삶의 경험과 맞닿아 있다. 한 편의 소설 같은 삶을 살
았으며, 삶이 곧 소설이었던 작가 도스토예프스키의 생의 한가운
데 서서 그 질곡과 영광의 순간이 작품에 어떻게 드러나는지를 살
펴본다.

245 사르트르 참여문학론　　eBook

변광배(한국외대 불어과 강사)

사르트르의 『문학이란 무엇인가』에서 전개된 참여문학론을 소개
하면서 억압받는 자들을 위한다는 기치를 높이 들었던 참여문학
론의 의미를 성찰한다. 참여문학론의 핵심을 이루는 타자를 위한
문학은 자기 구원의 메커니즘에 문제가 생겼을 때 이 문제를 해결
하고, 그 메커니즘을 보충하는 이차적이고도 보조적인 문학론이
라고 말한다.

338 번역이란 무엇인가　　eBook

이향(통역사)

번역에 대한 관심이 날로 늘어 가고 있다. 추상적이거나 어렵게
느껴지는 번역 이론서들, 그리고 쉽게 읽히지만 번역의 전체 그림
을 바라보기에는 부족하게 느껴지는 후일담들 사이에 다리를 놓
는 이 책은 번역의 이론과 실제를 동시에 접하여 번역의 큰 그림
을 그리고자 하는 독자들에게 안성맞춤이다.

446 갈매나무의 시인, 백석　　eBook

이숭원(서울여대 국문과 교수)

남북분단 이후 북에 남았지만, 그를 기리는 많은 이들의 노력으로
백석은 현재 우리나라에서 가장 주목받는 시인 중 한 사람이다. 이
책은 시인을 이해하는 많은 방법 중 '작품'을 통해 다가가기를 선
택한 결과물이다. 음식 냄새 가득한 큰집의 정경에서부터 '흰 바
람벽'이 오가던 낯선 땅 어느 골방에 이르기까지, 굳이 시인의 이
력을 들춰보지 않더라도 그의 발자취가 충분히 또렷하다.

053 버지니아 울프 살아남은 여성 예술가의 초상 eBook

김희정(서울시립대 강의전담교수)

자신만의 독창적인 글쓰기 방식을 남기고 여성작가로 살아남는다는 것이 어떤 의미를 갖는지를 보여 준 버지니아 울프와 그녀의 작품세계에 관한 평전. 작가의 생애와 작품이 어우러지는 지점들을 추적하는 방식으로, 모더니즘 기법으로 치장된 울프의 언어 저변에 숨겨진 '여자이기에' 쉽게 동감할 수 있는 메시지들을 해명한다.

018 추리소설의 세계

정규웅(전 중앙일보 문화부장)

추리소설의 역사는 오이디푸스 이야기까지 거슬러 올라간다. 저자는 고전적 정통 기법에서부터 탐정의 시대를 지나 현대에 이르기까지 추리소설의 역사와 계보를 많은 사례를 들어 재미있게 설명하고 있다. 추리소설의 'A에서 Z까지', 누구나 그 추리의 세계로 쉽게 빠져들게 하는 책이다.

199 디지털 게임 스토리텔링 eBook

한혜원(이화여대 디지털미디어학부 교수)

디지털 시대의 새로운 이야기 양식을 소개한 책. 디지털 패러다임의 중심부에 게임이 있다. 이 책은 디지털 게임의 메커니즘을 이야기 진화의 한 단계로서 설명한다. 게임의 역사에 있어서 중요한 패러다임의 변화, 게임이라는 새로운 지평에서 펼쳐지는 새로운 이야기 양식에 대한 분석 등이 흥미롭게 소개된다.

326 SF의 법칙

고장원(CJ미디어 콘텐츠개발국 국장)

과학의 시대다. 소설은 물론이거니와 영화, 애니메이션, 만화, 게임 등 온갖 형태의 콘텐츠가 SF 장르에 손대고 있다. 하지만 SF 콘텐츠가 각광을 받고 있는 것에 비해 이 장르에 대한 깊이 있는 이해를 도울 만한 마땅한 가이드북이 존재하지 않는다. 이 책은 이러한 아쉬움을 채워주기 위한 작은 출발점이 될 것이다.

eBook 표시가 되어있는 도서는 전자책으로 구매가 가능합니다.

(주)살림출판사

www.sallimbooks.com

주소 경기도 파주시 문발동 522-1 | 전화 031-955-1350 | 팩스 031-955-1355